北京市发展改革政策研究中心智库蓝皮书

首都现代化
——指标体系研究与实践探索

北京市发展改革政策研究中心
北京市经济社会发展研究院 ◎著

2022

THE CAPITAL MODERNIZATION:
INDEX SYSTEM
RESEARCH AND PRACTICE

经济管理出版社
ECONOMY & MANAGEMENT PUBLISHING HOUSE

图书在版编目（CIP）数据

首都现代化：指标体系研究与实践探索/北京市发展改革政策研究中心，北京市经济社会发展研究院著．—北京：经济管理出版社，2022.6

ISBN 978-7-5096-8504-4

Ⅰ.①首…　Ⅱ.①北…②北…　Ⅲ.①首都—现代化建设—研究—中国　Ⅳ.①D61

中国版本图书馆 CIP 数据核字（2022）第 107618 号

组稿编辑：曹　靖
责任编辑：郭　飞
责任印制：黄章平
责任校对：董杉珊

出版发行：经济管理出版社
　　　　　（北京市海淀区北蜂窝 8 号中雅大厦 A 座 11 层　100038）
网　　址：www. E-mp. com. cn
电　　话：（010）51915602
印　　刷：唐山昊达印刷有限公司
经　　销：新华书店
开　　本：720mm×1000mm/16
印　　张：11. 75
字　　数：213 千字
版　　次：2022 年 8 月第 1 版　　2022 年 8 月第 1 次印刷
书　　号：ISBN 978-7-5096-8504-4
定　　价：88. 00 元

编　委　会

序　言

2017 年，党的十九大明确提出全面建设社会主义现代化国家"两步走"战略安排，清晰擘画全面建成社会主义现代化强国的时间表、路线图，即：到 2035 年基本实现社会主义现代化；到 2050 年把我国建成富强、民主、文明、和谐、美丽的社会主义现代化强国。北京作为我国首都和超大城市，在全国率先全面建成小康社会，在现代化建设上也走在全国前列，部分指标达到发达国家水平，具备现代化建设的先发优势和各方面资源条件，必须承担首都使命担当，加快建设社会主义现代化强国的首都。

百年不遇的大疫情加剧了百年未有之大变局，深刻地改变了国际环境和国内形势，站在党的十九大提出的"两步走"战略安排的起点上，因时应势，北京应该实现什么样的现代化？如何衡量现代化？怎样实现现代化？北京未来 15 年到未来 30 年经济社会现代化的前瞻性、全局性和战略性问题都有哪些？本书通过研究，试图回答这些问题。本书基于国内外现代化研究理论成果，对世界现代化的内涵、规律及要求进行总结分析，对北京市发展历史和现状进行考察，结合当前党和国家对首都发展的战略部署，参考、借鉴国内外现代化实践经验，对标发达国家或地区的现代化水平，系统梳理现代化评价体系与指标，构建首都现代化指标体系，对北京市的现代化建设现状水平、现代化阶段和进程进行评价，深入分析首都现代化差距及短板，探索率先实现首都现代化的路径和举措，进而提出未来 30 年，特别是"十四五"期间北京现代化建设的战略导向、路径步骤和政策建议，为全国现代化贡献北京方案，为城市现代化探索有效路径。

本书主要分为两个部分共八章。

第一部分为总报告，是对本书主要观点和评价体系的全面总结和高度概括，主要围绕首都现代化评价指标和首都现代化的评价框架体系构建展开。本部分对首都现代化研究的理论基础进行了详细的梳理和总结，明确了首都现代化的内涵和经济现代化、治理现代化、文化现代化、社会现代化、生态现代化（生态文明）、城市现代化、人的现代化（生活质量）七个主要评价维度；构建了"七位一体"首都现代化的核心评价指标体系。经过分析研究，得出首都现代化在七个维度上发展不均衡，呈现"两强、两弱、三平"的特征。结合首都发展阶段和实际，分领域分类施策，提出实现首都现代化的路径选择，推动首都现代化各项目标顺利实现。

第二部分为专题研究，分为经济现代化、治理现代化、文化现代化、社会现代化、生态现代化（生态文明）、城市现代化、人的现代化（生活质量）七章。每章大体上都围绕本领域现代化的理论基础、本领域现代化的内涵、本领域现代化与首都现代化整体的关系、本领域现代化与国家该领域现代化的关系、本领域现代化指标设计、实现本领域现代化的关键问题和路径建议等方面展开。同时，各专题研究充分考虑了本领域特性，体现了自身特色。例如，经济、城市等领域开展了横向比较研究；生态文明领域关注了区域协同等。在指标设计方面，突出考虑了长期战略性、能体现效果的指标，考虑体现现代化努力方向的指标，宜少不宜多。在问题分析方面，立足于首都经济社会发展阶段与现实，瞄准首都现代化建设中的关键问题和突出问题，不求面面俱到，力求精准到位。在路径建议方面，注重针对性和可操作性，突出有效路径。

正值本书成稿之际，北京市经济与社会发展研究所迎来了发展历程中的重要节点。按照北京市事业单位改革部署，北京市经济与社会发展研究所与首都社会经济发展研究所整合组建成立北京市经济社会发展研究院，这对我们来说既是机遇又是挑战。站在新的历史起点上，研究院将凝心聚力，继往开来，产出更多更高质量的研究成果，为北京发展贡献应有的力量。我们希望北京市发展改革政策研究中心蓝皮书系列可以成为研究院的品牌著作，首都现代化系列研究能够成为蓝皮书系列的亮点专题，为研究院进一步发展壮大不断书写新的篇章。

本书得到了北京市发展和改革委员会领导的悉心指导以及相关处室的大力支持，在此表示感谢。有关专家对本书的部分章节提出了很好的建议，在此一并表示感谢。

尽管我们努力进行了一些思考和研究，但由于时间紧迫，资料有限，难免有一些疏漏之处，请读者批评指正。

编委会

2022 年 1 月

目　录

总报告

专题研究

总报告

第一章　首都现代化评价指标及路径选择

第一节　首都现代化研究的理论基础

现代化理论是关于现代化现象特征和规律的、经过一定逻辑性表述的理性认识。对于现代化，一个比较普遍的解释是人类社会从传统社会向现代社会转变的历史过程，包括发达国家经历自工业革命以来的深刻变化的过程以及发展中国家追赶世界先进水平成为发达国家的过程。

一、世界现代化研究的三次浪潮

世界现代化研究经历了经典现代化研究、后现代化研究、新现代化研究三次浪潮。

（一）第一次浪潮是指经典现代化

一般认为，18 世纪的英国工业革命和法国政治革命是现代化进程的起点，但世界现代化研究是自 20 世纪 50 年代开始的。在 20 世纪五六十年代，一批美国科学家相继开展了现代化研究，并出版了一些著作。如《社会系统》《传统社会的消逝：中东现代化》《发展中地区的政治学》《经济成长的阶段》《现代化和社会结构》《现代化的动力》《变化社会中的政治秩序》，此外，相关研究还有以色列学者的《现代化抗拒与变迁》等。

经典现代化理论认为，现代化是指自 18 世纪工业革命以来人类社会所发生的深刻变化，当时的现代经济指工业经济，现代社会指工业社会，现代文明指工业文明。在经典现代化理论中，对于现代化的发展动力，不同学者有不同理解。美国学者殷根哈特教授归纳了经典现代化理论的三种观点："经济发展决定论"，认为工业化是现代化的推动力；"文化发展决定论"，认为民主化是现代化的推动力；"综合决定论"，认为现代化是政治、经济和文化相互作用的结果。

（二）第二次浪潮是指后现代化

20 世纪 60 年代后，发达工业国家经济发展开始从工业化转入非工业化轨道，工业经济比重持续下降，服务业经济比重持续上升；发达工业国家社会发展开始从城市化转入非城市化或逆城市化轨道，城市人口开始向郊区和乡镇迁移。经典现代化理论已经无法解释这些新发展，经济发展理论由此逐渐演进到整体的发展理论，即探讨和研究包罗经济、社会、政治、历史、文化、价值观，以至生态环境、国际关系等多方面、多学科的社会整体发展，以"后"冠名的各种学术思潮在欧美国家广泛传播。

1970 年，W. W. 罗斯托在《政治与成长阶段》中提出"追求生活质量"阶段；1971 年，罗马俱乐部发表《增长的极限》；1973 年，丹尼尔·贝尔发表《后工业社会的来临——对社会预测的一项探索》；1974 年，伊曼纽尔·沃勒斯坦（Immanuel Wallerstein）的《现代世界体系》在依附论的基础上提出"世界体系论"；1975 年，瑞典哈马舍尔德基金会（Dag Hammarskjold Foundation）发表研究报告《另一种发展》；1976 年，阿根廷巴里洛克基金会（Fundacion Bariloche）发表研究报告《是灾难还是新的社会》，提出了人称"巴里洛克模式"或"拉丁美洲模式"的一项未来世界发展模式的设想；1977 年，列昂惕夫（Wassily Leontieff）等学者发表联合国的研究项目《世界经济的未来》；1978 年，法国的西蒙·诺拉（Simon Nora）和阿兰·孟克（Alan Minc）发表研究报告《社会的信息化》；1979 年，勃兰特委员会（Brandt Commission）发表报告《北方和南方：争取生存的纲领》，即第一个勃兰特委员会报告。

其中，丹尼尔·贝尔的"后工业社会"理论[①]由于同世界科技革命和西方社会发展的密切联系而特别引人注目。丹尼尔·贝尔以系统思考、趋势分析以及社会结构之中轴原理为工具，明确指出美国露出萌芽的"服务业即将取代制造业"以及"对知识的汇编整理正消解资本所有权的社会影响"两大趋势是"后工业

---

① 丹尼尔·贝尔. 后工业社会的来临：对社会预测的一项探索 [M] . 高铦等，译. 南昌：江西人民出版社，2018.

社会"即将到来的前兆。他提出"后工业社会"的五大基本内容：一是在经济方面，由制造业经济转向服务性经济；二是在职业方面，专业与科技人员取代企业主而居于社会的主导地位；三是在中轴原理方面，理论知识居于中心，是社会革新和制定政策的源泉；四是在未来方向方面，技术发展是有计划、有节制的，重视技术鉴定；五是在制定决策方面，依靠新的"智能技术"。

如果说，经典现代化理论向我们描述了一个工业化世界，那么，后现代化理论探索了工业化以后的发展。后现代化理论认为，从传统社会向现代社会（农业社会向工业社会）的转变是现代化，从现代社会向后现代社会（工业社会向后工业社会）的转变是后现代化。从现代化向后现代化的转变还包括政治、经济、性和家庭、宗教观念等的深刻变化。现代化的核心目标是经济增长，后现代化的核心目标是使个人幸福最大化。在专业化、世俗化和个性化方面，后现代化是现代化的继续。

（三）第三次浪潮是指新现代化

到20世纪八九十年代，现代化研究孕育了许多新思想。比较有影响的新思想包括德国学者胡伯教授提出的生态现代化理论、德国学者贝克教授提出的再现代化理论和中国学者何传启研究员提出的第二次现代化理论。

世界现代化是一个漫长的历史过程。何传启的第二次现代化理论认为，从人类诞生到世纪末文明进程共包括工具时代、农业时代、工业时代和知识时代4个时代，每个时代又包括起步、发展、成熟和过渡4个阶段。文明进程具有周期性、加速性和中心转移性等特点；文明发展水平呈现"之"字形螺旋式上升的特点（见图1-1）。从18世纪到21世纪末，世界现代化过程可以分为两大阶段。第一阶段现代化指从农业时代向工业时代、农业经济向工业经济、农业社会向工业社会、农业文明向工业文明的转变过程；第二阶段现代化指从工业时代向知识时代、工业经济向知识经济、工业社会向知识社会、工业文明向知识文明的转变过程。第二阶段现代化不是历史终结，将来还有新发展。

如果说，第一次现代化的动力是资本、技术和民主，那么，第二次现代化的动力则是知识创新、制度创新和专业人才。第一次现代化的主要特点是工业化、专业化、城市化、福利化、流动化、民主化、法治化、分化与整合、理性化、世俗化、信息传播和普及初等教育等。第二次现代化的主要特点是知识化、分散化、网络化、全球化、创新化、个性化、多样化、生态化、民主化、理性化、信息化和普及高等教育等。在第一次现代化过程中，经济发展是第一位的，满足人

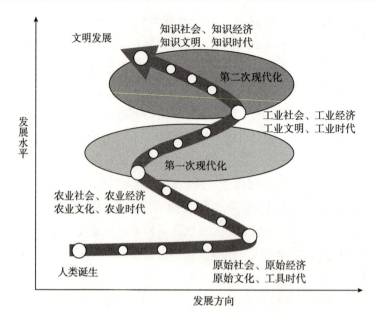

图1-1 人类文明进程的方向（"之"字形的螺旋式上升）

注：圆圈代表人类文明起步、发展、成熟和过渡的发展周期。

资料来源：何传启．东方复兴——现代化的三条道路［M］．北京：商务印书馆，2003.

类物质追求和经济安全。在第二次现代化过程中，生活质量是第一位的，满足人类幸福追求和自我表现物质生活质量可能趋同，但精神文化生活高度多样化。

二、具有代表性的城市现代化指标体系研究

现代化涉及人类生活方方面面的变化，建立现代化评价指标和标准、开展现代化进展评价，不仅是理论研究的需要，也是现代化实践的需要。对现代化的评价起源于20世纪60年代的西方，自日本箱根会议首次提出体现现代化的定性标准（1960年，定性、8项标准）后，半个多世纪以来评价方法不断更新变化，布莱克（1966年，定量、25项指标）、英格尔斯（20世纪80年代，定量、11项指标）等学者，联合国（1990年，定量、8个维度、90多项指标）、中国科学院中国现代化研究中心（2001年，定量、两大方面、7个维度、30多项指标）等机构的研究都进一步丰富了对国家现代化的评价体系。

随着全球化的不断深入，城市成为全球竞争的主体，城市间尤其是全球城市间的竞争日益激烈，城市间的比较和评估日益受到关注和重视，从21世纪初至今，城市指数、排名等的研究与日俱增。这些研究既有对城市实力或竞争力的综合评价，比如日本森纪念财团的"全球城市实力指数"（Global Power City Index，GPCI）、科尔尼（Kearney）公司的"全球城市指数"（Global Cities Index，GCI）、普华永道发布的机遇之都（Cities of Opportunity，COO）、英国智库的"全球城市竞争力指数"等，也有城市经济、生活质量与创新等分领域的评价，例如全球化与世界城市研究小组（GaWC）的"世界城市网络排名"（经济领域）、英国经济学人智库的全球宜居城市排名（生活质量）以及澳大利亚 2Thinknow 的全球创新城市指数（创新领域）等。

虽然城市现代化没有国际标准，但上述评价给了我们诸多启发。从综合和分领域分别选取一个，选取经济领域 GaWC 世界城市网络排名和综合评价全球城市实力指数（GPCI）2 个具有代表性的世界城市指标体系研究，进行深入分析，以期能为北京市现代化研究提供借鉴。

（一）GaWC 世界城市网络排名

GaWC 根据会计、广告、法律、管理咨询和金融等行业的 175 家高等级服务公司的数据，计算各个城市的商业联系度，表明城市在世界网络中的地位。研究假设在 n 个世界城市中具有 m 个高等级服务公司。X_{ij} 是分布属性，表示城市 i 中是否存在公司 j，x_{ij} 可构成一个 n×m 的矩阵 X。v_{ij} 是公司 j 在城市 i 中办公室的规模，表示服务属性，v_{ij} 构成 n×m 的服务属性矩阵 V。

$$r_{ab,j} = v_{aj} \cdot v_{bj} \qquad (1-1)$$

式（1-1）表示城市 a 和城市 b 通过公司 j 产生的联系。

$$GNC_a = \sum_{i,j} v_{aj} v_{ij} \qquad (1-2)$$

式（1-2）表示城市 a 和城市 b 之间的总联系。GaWC 认为一个城市与其他城市的联系越多，则该城市的地位越高。

$$H_{ab} = \sum_{j} h_j \cdot v_{ia} \qquad (1-3)$$

$$q_{ab} = r_{ab}/H_{ab} \qquad 0 \leqslant q_{ab} \leqslant 1 \qquad (1-4)$$

将元素矩阵转换为由 q_{ab} 构成的 n×n 的比例关系矩阵 A，其中，h_j 是公司 j 在所有城市中的最高服务价值。q_{ab} 表示在所有公司中，城市 a 和城市 b 中拥有同一家公司的比例，假如客户需要某一高等级服务公司处理的业务同时涉及城市 a 和城市 b，q_{ab} 表示在网络中找到在城市 a 和城市 b 中都拥有办公室的公司的可能性，q_{ab} 也可以用来说明城市 a 向城市 b 拓展商业业务的便利程度。因为 q_{ab} 与

q_{ba} 不相等,如果客户随机联系城市 a 的公司开展在城市 b 的业务,q_{ab} 是所选公司在城市 b 有办公室的概率,而 q_{ba} 表示所选公司在城市 a 有办公室的概率。地位高的城市中有很多公司在地位较低的城市设有办公室,但是地位较低的城市中办公室数量相对较少。

GaWC 将城市划分为不同的等级,Alpha++表示在世界城市网络中嵌入度最高的城市;Alpha+表示其他嵌入度很高的城市,主要满足亚太地区的高等级服务需求;Alpha 和 Alpha-表示非常重要的世界城市,在主要的经济区和国家中作为重要的连接节点;Beta 表示在区域或国家中具有一定作用的城市;Gamma 水平的城市表示较小的区域和国家中的节点,或者地位重要但是高等级服务功能并不突出的世界城市;"服务城市"不是上述的世界城市,但是具有一定的服务功能,不完全依赖世界城市,比如规模较小的首都或传统的工业区中心。

(二) Global Power City Index (GPCI)

全球城市实力指数(GPCI)通过经济、研发、文化交流、宜居、环境和可达性 6 个维度的 70 个相关指标(见图 1-2 和表 1-1),测量目标城市对人口、资本和企业的吸引力,以此测算 44 个目标城市的全球综合实力并进行评估和排名,通过定期的跟踪不断修正,以反映全球城市环境的变化。

表 1-1 GPCI 的指标体系

指标群	经济类指标	
Market Size 市场规模	Nominal GDP	名义 GDP
	GDP per Capita	人均 GDP
Market Attractiveness 市场吸引力	GDP Growth Rate	GDP 增长率
	Economic Freedom	经济自由度
Economic Vitality 经济活力	Market Capitalization of Stock Exchanges	证券交易所市值
	World's Top 500 Companies	全球 500 强公司
Human Capital 人力资本	Total Employment	就业人数
	Employees in Business Support Services	商业支持服务从业人员
Business Environment 商业环境	Wage Level	薪资水平
	Availability of Skilled Human Resources	技能型人才实用性
	Variety of Workplace Options	工作场所多样性
Ease of Doing Business 经商便利度	Corporate Tax Rate	公司税率
	Political, Economic and Business Risk	政治、经济、商业风险

续表

指标群	研发类指标	
Academic Resources 学术资源	Number of Researchers	科研人员数量
	World's Top Universities	世界顶级大学
Research Background 研发环境	Academic Performance in Maths and Science	数学和科学学术成就
	Readiness for Accepting Researchers	愿意接纳科研人员
	Research and Development Expenditure	研发支出
Innovation 创新	Number of Patents	专利数量
	Winners of Prizes in Science and Technology	科学技术类奖项获奖者
	Startup Environment	初创企业环境
指标群	文化交流类指标	
Trendsetting Potential 引领风尚的能力	Number of International Conferences	国际会议数量
	Number of World-Class Cultural Events	世界级文化活动数量
	Cultural Content Export Value	文化内容出口额
Cultural Resources 文化资源	Environment of Creative Activities	创意活动环境
	Proximity to World Heritage Sites	邻近世界遗产地
	Cultural Interaction Opportunities	文化交流机会
Facilities for Visitors 游客设施	Number of Theaters and Concert Halls	剧院和音乐厅数量
	Number of Museums	博物馆数量
	Number of Stadiums	体育馆数量
Attractiveness to Visitors 游客吸引力	Number of Luxury Hotel Guest Rooms	酒店豪华客房数量
	Number of Hotels	酒店数量
	Attractiveness of Shopping Options	购物吸引力
	Attractiveness of Dining Options	就餐吸引力
International Interaction 国际交往	Number of Foreign Residents	外国居民数量
	Number of Foreign Visitors	外国游客数量
	Number of International Students	国际学生数量
指标群	宜居类指标	
Working Environment 工作环境	Total Unemployment Rate	总失业率
	Total Working Hours	总工作时间
	Employee Life Satisfaction	雇员生活满意度
Cost of Living 生活成本	Housing Rent	房租
	Price Level	物价水平

续表

指标群	宜居类指标	
Security and Safety 安全	Number of Murders	命案数量
	Economic Risk of Natural Disaster	自然灾害的经济风险
Well-Being 幸福感	Life Expectancy	预期寿命
	Social Freedom and Equality	社会公平正义
	Risk to Mental Health	心理健康风险
Ease of Living 生活便利性	Number of Medical Doctors	医生数量
	ICT Readiness	信息通信技术快捷
	Variety of Retail Shops	零售商店多样性
	Variety of Restaurants	餐厅多样性
指标群	环境类指标	
Ecology 生态	Commitment to Climate Action	致力于气候行动
	Renewable Energy Rate	可再生能源利用率
	Waste Recycle Rate	废物循环利用率
Air Quality 空气质量	CO_2 Emissions	二氧化碳排放量
	SPM Density	悬浮颗粒物浓度
	SO_2 and NO_2 Density	二氧化硫和二氧化氮浓度
Natural Environment 自然环境	Water Quality	水质
	Green Coverage	绿化覆盖率
	Comfort Level of Temperature	气温舒适度
指标群	可达性指标	
International Transportation Network 国际交通网络	Cities with Direct International Flights	开通国际直飞航班的城市
	International Freight Flows	国际货运流量
Transportation Infrastructure 交通基础设施	Number of Air Passengers	航空旅客数量
	Number of Runways	飞机跑道数量
Inner-City Transportation Services 市内交通服务	Railway Station Density	火车站密度
	Public Transportation Coverage and Punctuality	公共交通覆盖范围和准时
	Travel Time to International Airports	到达国际机场的出行时间
Traffic Convenience 交通便利性	Commuting Convenience	通勤便利性
	Traffic Congestion	交通堵塞
	Taxi Fare	出租车费

资料来源：*Global Power City Index* 2018 *Summary*。

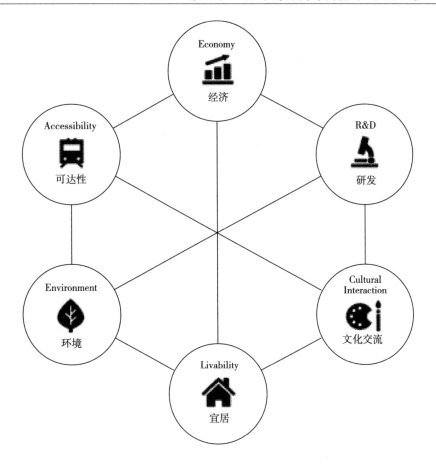

图 1-2　GPCI 的 6 个指标维度

资料来源：*Global Power City Index* 2018 *Summary*。

三、中科院提出的北京现代化的评价指标

中科院课题组在参与北京"十四五"前期研究过程中，提出了由 17 个指标构成的北京现代化综合评价指标体系。

评价模型包括：城市现代化综合指数（CMI）和经济指数（EI）、政治指数（PI）、文化指数（CI）、社会指数（SI）、生态指数（ECI）5 个分指数（见表 1-2）。采用的标准化方法为指数法，计算公式为：正向指标，$X_i=x_i/x_{max}\times100$，其中，X_i 为标准化后的值，x_i 为原始值，x_{max} 为最大值；逆向指标，$X_i=x_{min}/x_i\times100$，其中，X_i 为标准化后的值，x_i 为原始值，x_{min} 为最

小值。标准化后，各指标取值在 0~100，各指数取值也在 0~100。

表 1-2　北京现代化综合评价指标体系

领域	维度	指标
经济	生产与效率	人均 GDP（现价美元）
		劳动生产率
	科技创新	人均知识产权出口
		研发经费比例
政治	政府治理	营商环境指数
文化	大众文化	文化产业比例
		宽带普及率
	国际交往	全球城市关联度
		国际学生人数
社会	社会进步	婴儿死亡率
		家庭人均可支配收入
		基尼系数
	人类发展	平均预期寿命
		受过高等教育的劳动力比例
	居民生活	住房收入比
生态	生态环境	PM2.5 水平
		单位地区生产总值能耗

资料来源：北京市发展和改革委员会. 北京市"十四五"规划前期研究课题成果汇编［R］. 北京，2021.

四、我国实现社会主义现代化的战略安排

（一）"四个现代化"的提出

新中国成立以后，我们党带领人民对中国现代化建设进行了艰辛探索。1954年，周恩来在第一届全国人民代表大会上所作的政府工作报告中就明确指出，如果我们不建设起强大的现代化的工业、现代化的农业、现代化的交通运输业和现代化的国防，我们就不能摆脱落后和贫困，我们的革命就不能达到目的。

1956年，毛泽东提出，我国人民应该有一个远大的规划，要在几十年内，努力改变我国在经济上和科学文化上的落后状况，迅速达到世界上的先进水平。

1964 年 12 月，周恩来同志在第三届全国人民代表大会上所作的政府工作报告中再次提出，从第三个五年计划开始，我国的国民经济发展，可以按两步来考虑：第一步，建立一个独立的、比较完整的工业体系和国民经济体系；第二步，全面实现农业、工业、国防和科学技术的现代化，使我国经济走在世界的前列。由于后来发生了"文化大革命"，当时提出的四个现代化建设没有完全展开。尽管如此，1949~1978 年，我们党领导人民在旧中国"一穷二白"的基础上建立起了独立的比较完整的工业体系和国民经济体系，我国社会主义建设事业迈出了坚实步伐。

（二）"三步走"战略的提出

改革开放以后，邓小平提出"三步走"战略，到 20 世纪 80 年代末解决人民温饱问题（1981~1990 年人均国民生产总值翻一番），到 20 世纪末人民生活达到小康水平（1991~2000 年人均国民生产总值再翻一番），到 21 世纪中叶基本实现现代化，达到中等发达国家水平。

1997 年，党的十五大提出了"新三步走"战略安排，进一步对"三步走"战略中的第三步做出了细化安排：21 世纪的第一个十年（2000~2010 年）实现国民生产总值比 2000 年翻一番，人民小康生活更加宽裕，形成比较完善的社会主义市场经济体制；再经过十年努力，到建党 100 年时，使国民经济更加发展，各项制度更加完善；到 21 世纪中叶新中国成立 100 年时，基本实现现代化，建成富强民主文明的社会主义国家。

（三）党的十九大做出"两步走"战略部署，将现代化实现时间节点提前了 15 年

进入 21 世纪，在人民生活总体上达到小康水平之后，我们党又提出，到建党 100 年时全面建成惠及十几亿人口的更高水平的小康社会，再奋斗 30 年，到新中国成立 100 年时，基本实现现代化，把我国建成社会主义现代化国家。2012 年，党的十八大提出实现国内生产总值和城乡居民人均收入比 2010 年翻一番，确保到 2020 年实现全面建成小康社会。

党的十九大站在新的更高的历史起点上，对实现第二个百年奋斗目标作出战略安排，提出"到 2035 年基本实现社会主义现代化，到本世纪中叶把我国建成富强民主文明和谐美丽的社会主义现代化强国"的"两步走"战略目标；把"基本实现现代化"提前 15 年，提前到 2035 年，把 2050 年目标提高至全面建成"社会主义现代化强国"，并对 2035 年基本实现现代化、2050 年建成社会主义现

代化强国主要目标要求做了准确表述，对各领域目标进行了详尽阐述。

除此之外，自 20 世纪 90 年代以来，我国不少地区也推出不同的现代化指标体系。江苏省现代化指标体系由经济发展指标、社会结构指标、生活质量指标构成，2013 年发布的《江苏基本实现现代化指标体系》扩展到五大类 30 项 53 个指标。广东省经济特区和珠江三角洲率先基本实现现代化的主要评价体系由 10 项指标构成，提出在 2010 年基本实现现代化的目标，其指标体系由综合实力现代化、产业结构高度化、市场化、国际化、城市化、信息化、人口增长低速化、科技先行化、教育普及化、政府财政强化、环境优化、福利公平化 12 个指标组成。天津市基本实现现代化指标体系包括经济、社会、生活质量、环境生态和城市化等方面。武汉市现代化指标体系以 2020 年武汉市率先基本实现现代化为目标，包含五大类 20 项基本现代化指标。浙江省基本现代化指标体系由经济发展、社会结构、国民素质、生活质量和社会事业 4 个方面 12 项指标组成。2020 年全国将迈入"基本实现现代化"的新发展阶段，国内有关现代化的研究与日俱增，为现代化建设提供越来越坚实的理论支撑。

第二节　首都现代化的内涵

现代化是一个过程，是我们奋斗的长远目标，是中国梦的具体表述。首都现代化指标的研究要处理好以下几个关系：

一是继承与发展的关系。世界上关于"现代化"的最早提法产生于 18 世纪，关于"现代化指标体系"研究起源于 20 世纪 60 年代，相关领域都已经积累了丰硕的研究成果。我国的"社会主义现代化"是对现代化理论和实践的丰富和发展，是人类文明的共同成果，要在客观、辩证消化吸收前人理论实践成果的基础上开展课题研究。

二是国家与城市的关系。已有现代化的相关研究多是以国家作为标准样本，专门针对城市的研究相对较少。党的十九大明确的现代化"两步走"战略安排，也是从国家角度提出的现代化目标。而本书的研究对象是北京这座城市，北京现代化既要落实"五位一体"的国家现代化任务安排，也要考虑北京作为点缀在国家之中城市的现代化的特殊要求，是国家现代化、城市现代化的有机统一。

表 1-3 城市评价排名一览

序号	指数名称	年度	1	2	3	4	5	6	7	8	9	10	北京	上海	样本
	综合排名														
1	全球城市实力指数	2018	伦敦	纽约	东京	巴黎	新加坡	阿姆斯特丹	首尔	柏林	香港	悉尼	23	26	44
2	全球城市指数（绩效）	2019	纽约	伦敦	巴黎	东京	香港	新加坡	洛杉矶	芝加哥	北京	华盛顿	9	19	130
3	全球城市展望（潜力）	2019	伦敦	新加坡	洛杉矶	阿姆斯特丹	巴黎	东京	波士顿	慕尼黑	都柏林	斯德哥尔摩	39	51	130
4	机遇之都排名	2016	伦敦	新加坡	多伦多	巴黎	阿姆斯特丹	纽约	斯德哥尔摩	洛杉矶	香港	悉尼	19	21	30
5	全球城市竞争力指数	2012	纽约	伦敦	新加坡	香港/巴黎	香港/巴黎	东京	苏黎世	华盛顿	芝加哥	波士顿	39	43	120
6	全球城市竞争力排名	2015	伦敦	东京	新加坡	纽约	新加坡	香港	上海	北京	悉尼	法兰克福	8	7	500+
7	国际城市排名	2017	伦敦	东京	巴黎	纽约	新加坡	维也纳	华盛顿	柏林	日内瓦	苏黎世	21	32	40
	金融投资、商业环境														
8	GaWC世界城市网络排名	2018	伦敦	纽约	香港	北京	新加坡	上海	悉尼	巴黎	迪拜	东京	4	6	500+

续表

序号	指数名称	年度	1	2	3	4	5	6	7	8	9	10	北京	上海	样本
9	全球金融中心指数	2019	纽约	伦敦	香港	新加坡	上海	东京	北京	迪拜	深圳	悉尼	7	5	104
10	国际金融中心发展指数	2014	纽约	伦敦	东京	香港	新加坡	上海	法兰克福	巴黎	苏黎世	芝加哥	11	6	45
11	全球城市营商环境指数	2019	纽约	伦敦	东京	巴黎	旧金山	新加坡	波士顿	芝加哥	苏黎世	柏林	41	48	100
生活质量															
12	全球宜居城市排名	2019	维也纳	墨尔本	悉尼	大阪	卡尔加里	温哥华	东京	多伦多	哥本哈根	阿德莱德	76	80	140
13	城市生活质量排名	2019	维也纳	苏黎世	温哥华	慕尼黑	奥克兰	杜塞尔多夫	法兰克福	哥本哈根	日内瓦	巴塞尔	120	103	231
技术与创新															
14	全球创新城市指数	2018	东京	伦敦	旧金山	纽约	洛杉矶	新加坡	波士顿	多伦多	巴黎	悉尼	37	35	500+
15	亚太地区创新城市	2013	新加坡	悉尼	墨尔本	香港	奥克兰	东京	首尔	大阪	釜山	台北	13	14	16

资料来源：北京市发展和改革委员会．北京市"十四五"规划前期研究课题成果汇编［R］．北京，2021.

三是共性与个性的关系。世界上既不存在定于一尊的现代化模式，也不存在放之四海而皆准的现代化标准，"社会主义现代化"既有各国现代化的共同特征，更有基于国情的中国特色。对于北京来讲，还要考虑作为"大国首都"和超大型城市的特殊属性。

四是指标与措施的关系。指标体系的研究是手段不是根本，探析有效路径、提出务实举措才是研究的最终目的。

一、已有评价：首都现代化在全球城市中的位序

在已有的城市相关评价中，纽约、伦敦、巴黎、东京等城市仍处于全球城市体系的核心地位，集聚世界上最主要跨国公司的总部，拥有重要的金融交易市场，同时还具有很强的科技创新能力；新加坡、香港、悉尼等在综合实力、营商环境、科技创新等方面的地位也在不断提升，实力凸显。其中，我国的北京、上海等城市发展成效也较为显著，特别是在经济领域，地位不断提升，但是与世界城市的差距仍然较为明显，如表1-3所示。

（一）GaWC世界城市网络排名：北京排名稳步上升，但近年来被上海超越

英国拉夫堡大学地理系学者所组成的世界研究小组（GaWC）自2000年开始不定期发布《世界城市名册》，北京在名册中的排名逐年上升，由2000年的第36位上升至2018年的第4位后又在2020年回落到第6位（见表1-4），说明近年来北京在世界城市网络中的影响力总体上持续增强，但影响力发挥仍然不稳定。

表 1-4　北京在 GaWC 世界城市网络排名变化

年份	等级	排名	同期上海排名
2000	Beta+	36	31
2004	Alpha−	22	23
2008	Alpha+	10	9
2010	Alpha	12	7
2012	Alpha+	8	6
2016	Alpha+	6	9
2018	Alpha+	4	6
2020	Alpha+	6	5

资料来源：根据历年 GaWC 世界城市网络排名整理。

从 GaWC 选取的金融、会计、广告、管理咨询、法律 5 类高附加值生产性服务业细分行业来看，上海在多个领域的表现都要优于北京。例如，北京在金融业中排名第 12 位（上海第 7 位），在外资金融企业数量和能级上均与上海存在差距。

（二）全球城市实力指数：北京在 48 个目标城市中排名第 15 位，经济排名较高，宜居、环境类存在短板

日本东京城市战略研究所发布的《全球城市实力指数报告（2020）》显示，北京 2020 年在 48 个目标城市①中排名第 15 位，较 2009 年的第 26 位有所上升，但期间经历明显波动（见图 1-3）；而伦敦、纽约、东京、巴黎、新加坡多年

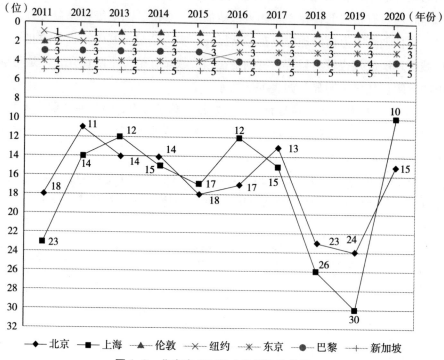

图 1-3　北京在 GPCI 中的排名变化情况

资料来源：*Global Power City Index 2020 Summary*。

---

① 48 个目标城市分别为：北京、上海、香港、台北、东京、福冈、大阪、新加坡、首尔、孟买、吉隆坡、曼谷、雅加达、特拉维夫、悉尼、墨尔本、迪拜、柏林、法兰克福、莫斯科、伦敦、巴黎、阿姆斯特丹、赫尔辛基、布鲁塞尔、斯德哥尔摩、哥本哈根、维也纳、苏黎世、米兰、都柏林、伊斯坦布尔、日内瓦、马德里、巴塞罗那、开罗、约翰内斯堡、纽约、华盛顿、波士顿、芝加哥、旧金山、洛杉矶、多伦多、温哥华、墨西哥城、圣保罗、布宜诺斯艾利斯。

来遥遥领先其他全球城市，一直保持前 5 名，榜首的伦敦在各个指标上表现更为出色，展现出了强大而均衡的综合实力优势。与伦敦相比较，北京的发展呈现出明显的不均衡性，经济类排名较高，研发类、交通类、文化交流类指标排名居中，宜居类、环境类指标排名落后，是最突出的短板，与经济发展地位极不相称（见图 1-4）。

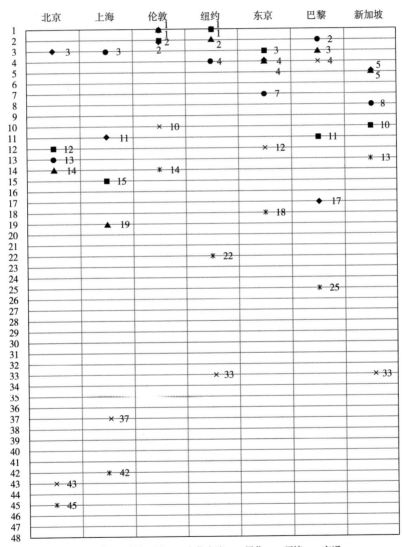

图 1-4　北京在 GPCI 中的分类排名

资料来源：*Global Power City Index* 2020 *Summary*。

（三）中国科学院中国现代化研究中心课题组：北京处于 20 个城市中的第 18 位

北京已超过高收入国家标准，整体已达到发达国家的现代化水平。从人口和经济体量来看，北京相当于一个中等规模国家的体量，人口数量排全球第 57 位，GDP 排全球第 25 位；2019 年北京人均 GDP 约为 2.4 万美元，排全球第 37 位，是世界银行划分的高收入国家门槛线的近 2 倍（2019 年世界银行高收入国家标准阈值为 1.2375 万美元）。北京的现代化整体上已超过中等发达国家的现代化水平[1]，属于发达国家水平（见图 1-5）。

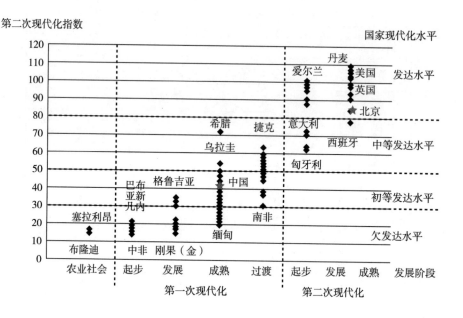

图 1-5 北京在世界现代化的定位

资料来源：北京市发展和改革委员会. 北京市"十四五"规划前期研究课题成果汇编［R］. 北京，2021.

---

① 利用世界现代化指数，参照世界现代化指数的国家分组，对北京现代化水平进行水平评价和阶段评价。北京已经处在第二次现代化的发展期，韩国、意大利处于起步期，丹麦、美国、瑞典处在发展期。第二次现代化以当年高收入国家平均值为基准进行评价，单个指标的发展指数的最高值为 120。北京的第二次现代化指数（0~120）在全国独占鳌头，2017 年达 83（由于国际统计数据的滞后性，现代化评价一般要滞后三年），同期世界排名前三位的是丹麦、瑞典和瑞士，指数分别为 109、108 和 107，中国平均为 44。北京已经超过西班牙、意大利，接近新西兰水平。

但以更高的国际城市标准考察，北京现代化发展还存在较大的不平衡性，与世界先进城市水平相比仍有一定差距。2019 年，中国科学院中国现代化研究中心课题组①对包括北京在内的 20 个世界主要城市进行了现代化评价（5 个领域、17 个指标、2016 年数据），北京综合得分为 33.04，排在全部 20 个城市的第 18 位。排在前五位的分别是伦敦、纽约、东京、巴黎和新加坡，如图 1-6 所示。

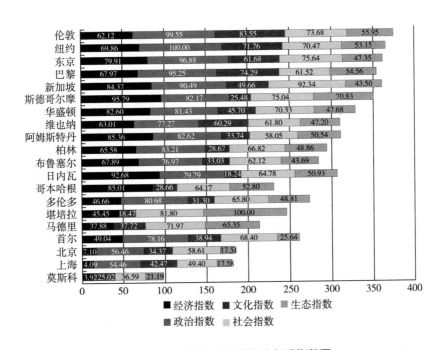

图 1-6 20 个城市的现代化分领域指数图

资料来源：北京市发展和改革委员会．北京市"十四五"规划前期研究课题成果汇编［R］．北京，2021.

从国际比较来看，北京部分领域短板明显：①经济发展质量效率亟待提升，经济指数在 20 个城市中排第 18 位，人均 GDP、劳动生产率和人均知识产权出口等指标仅为全球城市 1/4～1/3 的水平，亟待提升。②构建符合超大城市特点的治理新体系成为重大课题，营商指数在 20 个城市中排第 16 位。③文化领域影响力差距较大，文化体验度需进一步提高。文化指数在 20 个城市中排第 11 位，文化产业发展水平、文化影响力差距较大。④社会发展类指标达到国际先进水平，

---

① "十四五"规划前期课题""十四五"时期北京市推进现代化建设的目标、路径研究"。

虽然社会指数在 20 个城市中排第 14 位，但人均预期寿命、婴儿死亡率、千人医疗卫生机构床位数、十万人刑事案件立案件数等指标已达到或超过世界先进城市的平均水平。居民收入与前沿城市存在不小差距。⑤生态环境和资源效率是城市升级的最大短板。代表绿色发展的 PM2.5 浓度、单位地区生产总值能耗、单方水效益指标与全球城市相比存在很大差距。如图 1-7 所示。

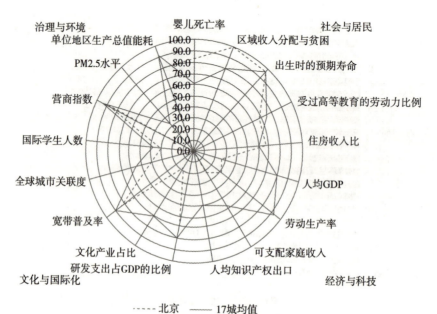

----- 北京 —— 17城均值

图 1-7 北京城市现代化评价分指标雷达图

资料来源：北京市发展和改革委员会．北京市"十四五"规划前期研究课题成果汇编［R］．北京，2021．

二、研究框架："七位一体"首都现代化目标

党的十九大提出的"五位一体"现代化是一个有机整体，各部分相互影响、相互促进，是局部与整体的关系，必须统筹兼顾，全面推进。根据"五位一体"总体布局的要求以及党的十九大提出的到 2050 年建成富强民主文明和谐美丽的社会主义现代化强国的发展目标，结合以人民为中心的发展理念和北京超大城市的发展特征，我们初步从经济现代化、治理现代化、文化现代化、社会现代化、生态现代化（生态文明）、城市现代化、人的现代化（生活质量）七个维度（见

图 1-8）把握首都现代化的内涵，以指标体系研究为切入点，研究实现首都现代化的重点、难点、短板、路径和举措。其中经济现代化是中心，治理现代化是制度保障，文化现代化是灵魂，社会现代化是前提条件，生态现代化是基础。而北京作为超大城市和首善之区，城市和人两个维度也是现代化的重要组成部分，城市现代化为"五位一体"现代化提供空间载体，人的现代化是实现现代化的最终目的。

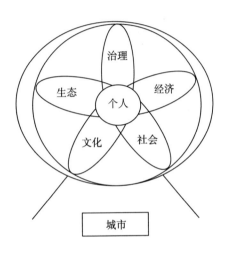

图 1-8　七维城市现代化示意图

在经济现代化方面，初步建成高质量发展的现代化经济体系，人均国内生产总值、劳动生产率等主要经济指标进入世界城市十强，与世界经济先进水平进一步缩小；世界科技创新人才集聚，创新创业活力迸发，成为全球创新网络的中坚力量和引领世界创新的"新引擎"；引领国际规则和标准制定，数字经济增加值占地区生产总值比重持续提升，建成全球数字经济标杆城市。

在治理现代化方面，政治参与、国家治理、国际政治、政治环境发生持续变化，公民权利得到保障，公民义务与权利相对均衡，社会各阶层拥有更公平、丰富的发言渠道。

在文化现代化方面，古都文化、红色文化、京味文化、创新文化深度融合，成为更具有包容性、多样性的现代化大都市；实现文化遗产保护与传承，保存城市记忆，成为充分展现中国传统文化精髓的有温度的城市和彰显文化自信与多元包容魅力的世界文化名城；文化产业、创意产业发达，成为传统文化元素和现代时尚符号汇聚融合的时尚创意之都。代表国家文化"走出去"的龙头地位更加巩固，成为世界文明交流互鉴的首要窗口，大国首都形象和中华文化魅力的作用充分彰显。

在社会现代化方面，建成优质均衡的公共服务体系，建成全覆盖可持续的社会保障体系；人均预期寿命和健康寿命显著延长，公共卫生持续改善，应对突发卫生事件和日常卫生保健能力显著增强。积极应对老龄化社会，促进紧凑型社区建设及地区老年服务设施建设。

在生态现代化方面，空气质量达到世界宜居大都市的平均水平，新能源和可再生能源占比达到国际先进水平，建成水城共融的生态城市和蓝绿交织的森林城市；无毒、无害、清洁、健康的生产生活循环完全建立，人与自然互利共生，生态环境更加友好，资源能源节约高效，生态环境压力趋向最小，生态文明观念更加普及。

在城市现代化方面，首都功能不断提升，成为全球治理体系中国际高端要素集聚的中心城市；更加关注要发挥交通体系的综合牵引作用，不断强化城市多中心—微中心空间结构，就业和居住关系更加协调，交通拥堵等"大城市病"问题得到根本缓解；全面形成具有首都特点、与国际一流的和谐宜居之都相适应的现代化超大城市治理体系，"一核两翼"的现代化城市群格局基本形成，京津冀城市群在全球城市体系中的引领地位开始显现。

在人的现代化方面，人均收入翻番目标如期实现，经济福利和公平性得到根本改善，城乡收入差距不断缩小，全体市民共同富裕取得更为明显的实质性进展；市民生活更加美好，实现高质量就业、高品质生活和人的全面发展。

三、"七位一体"首都现代化的核心评价指标

2035 年，北京要率先基本实现社会主义现代化，结合北京市实际情况，按照政策含义明显、统计数据齐全、有国际可比性和借鉴意义等标准选取 7 个维度的 24 项指标进行评价（见表 1-5）。指标侧重体现政治中心、文化中心、国际交往中心、科技创新中心的战略定位，体现面向新发展阶段、新发展理念和新发展格局的时代要求。综合评价标准是，到 2035 年北京城市现代化综合指数接近全球 5~10 名先进城市行列，对标追赶纽约、伦敦、巴黎、东京等全球城市。

表 1-5　首都现代化指标体系设计

维度		核心指标	现状	2035 年目标值
经济现代化	效率提升	人均 GDP（万美元）	2.4	5
		全员劳动生产率（万元）	28.2	55
	创新引领	全球创新百强企业	1	5
	数字驱动	数字经济增加值增速（%）	—	8
治理现代化	人民民主	人大议案立案数量（件）	209	>300
	法治建设	每万人刑事立案数量（起）	63	<55
	营商环境	全球营商环境指数排名[a]	41	全球 Top10
文化现代化	文化影响力	文化产业增加值占 GDP 比重（%）	2.10	4.5
		世界媒体 100 强入榜企业[b]	3	6（至少 1 家进入 Top10）
		全球百强智库榜单（美国以外地区）入选数量	6	20（至少 2 家进入 Top10）
	文化体验	人均教育文化娱乐消费支出占比（%）	10	18
社会现代化	收入分配	居民可支配收入（万美元）	1	2.5
		城乡收入比	2.57	2
	公共服务	"七有""五性"民生保障指数	—	超过 110
生态现代化	环境质量	PM2.5（微克/立方米）	42	20
	资源利用	单位地区生产总值能耗（吨标准煤/万元）	0.23	0.2 以下
		单位地区生产总值水耗（立方米/万元）	11.78	8 以下
		可再生能源占能源消费比重（%）	8	20
		终端用能电气化率（%）	24.8	29.4（2025 年）
城市现代化	城市功能	全球智慧城市排名	15	全球 Top10
		轨道交通运营里程（含市郊铁路，公里）	1092	全国领先
		平均通勤时间（分钟）	47	40

续表

维度		核心指标	现状	2035 年目标值
人的现代化	健康水平	人均健康期望寿命（岁）[c]	—	74
	生活质量	全球城市生活质量排名[d]	119	全球 Top50

注：a：资料来源于科尔尼 2019 全球城市营商环境评价体系。

b：世界媒体实验室（World Media Lab）独家编制，2013 年度发布（第一届）《世界媒体 500 强》排行榜，目前已连续发布 8 届。2020 年，进入前 100 的中国媒体有 6 家，其中北京有 3 家，百度排名最高，全球第 15 位。

c：人均预期健康寿命，这是同时反映生存年限和生存质量的指标。根据国家卫健委公布的数据，中国 2018 年人均预期寿命是 77 岁，但是健康预期寿命仅为 68.7 岁，居民有 8 年多的时间带病生存，反映出我国医疗卫生体系的短板。

d：美世咨询发布的《全球城市生活质量排名》。

第三节 实现首都现代化的关键问题分析

如前所述，据中科院现代化课题组测算，北京整体已达到发达国家的现代化水平。但与全球城市相比，7 个领域的现代化水平发展不均衡，呈现"两强、两弱、三平"特征，经济、社会接近国际先进水平，但存在结构性问题；生态、宜居与国际一流水平差距明显，是最为突出的短板；政治（治理）、文化、人、制度优势明显，但优势转化路径待挖潜。

一、"两强"：经济和社会领域部分指标已接近国际先进水平，但存在结构性问题

（一）经济领域：具备发达国家水平部分特征，但发展质量、效率亟待提升

北京发展阶段领先全国，具有发达国家水平的部分特征。从人口和经济体量来看，北京相当于一个中等规模甚至是大国的体量，人口排全球第 57 位，GDP 排全球第 25 位；人均 GDP 约为 2.4 万美元，居全国各省份首位，排全球第 37 位，是世界银行划分的高收入国家门槛线的近 2 倍（2019 年世界银行高收入国家标准阈值为 1.2375 万美元）。北京的现代化整体上已超过中等发达国家的现代

化水平，属于发达国家水平。但结构、效率等主要经济指标与全球发达标杆城市差距较大。

一是现代化产业体系上，科技创新、数字变革、现代金融支撑经济高质量发展的潜力有待释放。产业体系的主体是实体经济，根本动力源是科技创新，"血脉"是现代金融，最宝贵的资源是人力资源。虽然北京已经构建起以金融、信息、科技、商务服务等为主体的产业体系，高端化特征明显，但持续稳定增长动力有待挖潜。以制造业为主要代表的实体经济短板依然明显，符合功能定位的产业链规模和现代化水平亟待提升。金融业"血液"循环不畅，内部结构、效益等方面存在问题，脱实向虚问题严重，北京证券交易所的成立迎来了更高质量发展的契机。科技赋能潜力尚需深度挖掘，企业创新主体地位、市场导向的科技投入产业机制有待完善。数字经济虽然受平台企业整改等因素的影响增长出现波动，但发展生态优势明显，数字变革驱动高质量发展的潜力有待释放。减量发展、绿色低碳等经济发展的硬约束依然严峻，减量发展的体制机制尚未咬合落地，市场配置资源的决定性作用有待充分发挥，创新驱动、改革推动作用还有较大发挥空间。

二是功能空间上，主副结合、内外联动、南北均衡、山区和平原地区互补发展的格局有待进一步优化。在内外联动方面，伴随城乡统筹力度加大、非首都功能疏解坚定有序，中心城以外地区对北京市经济贡献不断提升，但平原新城等对北京市的支撑潜力有待进一步释放，高端功能区与两区等政策合力亟待加强。在南北均衡方面，北部区域 GDP 是南部区域 GDP 的 3.4 倍，北部区域轨道交通站点数是南部区域轨道交通站点数的 3.4 倍。在山区和平衡互补方面，"大城市小农业""大京郊小城市"特征明显，农村居民增收的途径还是不多，京郊资源还没有充分挖掘，农村基础设施和公共服务配套还有很多欠账。

（二）社会：部分指标达到国际先进水平，但"三强三弱"问题日益凸显

北京人均预期寿命、婴儿死亡率等指标已经达到国际先进水平。但居民日趋多元的对优质社会公共服务的无限需求与单一的基本社会公共服务的有限供给之间的矛盾依然严重，社会公共服务领域的"三强三弱"问题日益凸显，"四化四多"（社会化、专业化、市场化和产业化，多主体、多层次、多类型和多业态）发展需求日益迫切。

一是政府强、市场和社会弱。主要问题是政府监管不力和监管冗余现象并存，导致劣币驱逐良币和市场或社会正常发育的服务管理行为拿不到"准生

证"。二是条强、块弱、基层难。主要矛盾为社会公共服务需求的高度社会化与社会公共服务资源的高度部门化之间的矛盾。同时，基层权责利不对等现象仍然突出，尽管街道体制改革和"街乡吹哨、部门报到"赋予了基层更大的财权和事权，但社会公共服务供给仍然依托于"行政发包"，基层综合性完成各方下派任务的能力还有待提升。三是投入强、效果弱。一方面，政府投入的重点存在偏差。另一方面，政府投入与民间投资的协同效应差。民间资本投入公共服务领域的热情主要来自稳定现金流回报的吸引、居民公共服务支出占比的持续扩张和对未来通胀的预期。公共服务投入中普遍都对收益与投资不相匹配的问题有所反映，低成本、长周期的资金投入在公共服务融资当中尤显重要。

二、"两弱"：生态、宜居与国际一流水平差距明显，是最为突出的短板

北京生态宜居水平与国际一流水平仍然存在非常大的差距。

（一）生态环境是首都现代化的最突出短板，与全球城市相比差距最大

北京生态环境面临生态系统仍比较脆弱、生态服务品质不高、污染物排放仍超出环境容量、资源能源节约集约利用水平较低、生态文明建设有待进一步加强等问题，主要与自然条件和发展阶段密切相关。一方面，在自然资源禀赋、气候条件约束下，北京市在扩大生态空间和环境容量方面需要更大幅度的人为干预，短期内对自然生境的扰动大，导致生态系统不完整、不稳定；另一方面，经济社会发展的阶段性特征和水平、人口和功能的高度集聚带来的大城市病问题尚未解决，导致环境容量不足、生态服务不到位、资源能源消耗较大、生态文明水平不高等阶段性问题仍然突出。比如，北京 PM2.5 平均浓度与上海、深圳等国内先进城市存在差距。除 SO_2 外，其他大气污染物年均浓度，尤其是 PM2.5、PM10和臭氧，与纽约、东京、伦敦等国际先进城市差距巨大，减污降碳仍需付出艰苦努力。

（二）城市宜居品质与全球城市差距明显，国际一流和谐宜居之都建设任重道远

当前，全球城市竞争在很大程度上已经从生产性空间转向生活性空间，城市的宜居品质越来越成为全球人才选择定居的重要因素。宜居城市已经成为全球城市发展的共同愿景，"伦敦 2030 规划"的主题思想是"建设更宜居的城市"，"纽约 2050 规划"提出要有"活力的街区、健康的生活、公平卓越的教育、宜人的气候、高效的出行、现代的基础设施"，也与和谐宜居的主题相契合。但对

标建设国际一流和谐宜居之都，北京还有很长的路要走。

一是城市功能空间有待进一步优化。职住分离问题依然明显，通勤时间全国最长。城市更新速度滞后于城市现代化发展需求，与人民群众期待尚存差距。城乡现代化程度差距较大，城市发展给农村现代化提供的支撑有待进一步提升，农村地区的现代化形态尚未全面展现，京津冀城市群整体实力偏弱，内部发展差距较大。

二是城市基础设施供给依然存在短板。交通基础设施规划的科学化、智能化不足，交通拥堵仍是首都面临的突出问题。智慧基础设施规模和创新能级存在短板。国际交往设施承载力有待提升，国际交往功能过于集中在中心城，在一定程度上制约着北京各类国际交往功能的实现水平。面向"一老一小"的公共服务设施短缺矛盾突出，伴随二孩、三孩政策的落实，老龄化趋势加剧，面临非常大的压力。

三是韧性城市建设面临诸多问题与挑战。韧性城市规划相关法规仍未落地。城市应急管理的纵向链条过长，存在信息处理、共享、公开不及时和不充分的现象。虽然近年来城市基础设施建设投入力度不断加大，但由于历史欠账多，投资不足和设施建设滞后的矛盾仍然突出，部分基础设施和建筑物老化。全社会危机管理意识不足，科学、合理、系统、综合的公共危机教育体系并未形成并有效运行。抵御重大灾害的能力仍然不足，缺乏可以动态跟踪的城市时空"风险地图"，难以将城市风险控制在萌芽状态。

三、"三平"：治理、文化、人的现代化制度优势明显，但优势转化路径待挖潜

（一）治理能力距离大国首都的要求仍有差距，服务和保障能力仍需提升

一是国际化指标与全球城市相比存在较大差距。在政府治理和政府影响方面，北京距离华盛顿、日内瓦、巴黎、新加坡等城市仍有较大差距。国际组织数量、国际会议数量、入境游客人次、外籍常住人口比重、国际学生数等体现城市开放度和国际交往水平的指标差距明显。

二是服务保障首都功能能力仍须提升。中央政务空间供给、中央政务环境优化、政务服务机制完善、国际交往服务保障能力提升等方面仍然任重道远。

三是基层社会治理现代化亟须提升。一方面，居民自下而上解决自身问题的意愿与努力不断增强，微博问政、网络社会、网络圈子、网络集群甚至网络水军等成为居民利益诉求表达的集中地，意见如果不及时进行疏导，容易产生很多社

会问题。另一方面，自上而下的制度性资源供应持续不足，基层政府陷入"有限权力、无限责任"，降低了基层对复杂治理环境的回应能力。

（二）文化影响力与世界城市相比差距较大，文化体验感需进一步提升

一是彰显中华民族优秀传统文化的影响力仍需提升。历史文化遗产保护利用水平有待提升，文旅资源挖掘利用程度不足，创收能力有限。缺少类似好莱坞电影、巴黎时尚、东京动漫、首尔娱乐等具有现代感的文化符号、文化元素和文化载体。高端智库数量不断增加，但支撑水平仍需提升，入选全球百强的只有一家（全球化智库排第64位）。

二是公共文化服务与居民文化生活体验仍然较弱。相比于人民日益增长的公共文化需求，北京市公共文化设施整体仍然存在数量不足、分布不均、质量不高、人均占有率和居民参与度均较低等问题。公共文化设施人均拥有率、居民教育文化娱乐消费支出比重、艺术演出频率等都与上海存在明显差距。

三是文化资源尚未充分转化为文化产业竞争力。对标建设中国特色社会主义先进文化之都的高标准、高要求，北京市文化产业发展仍有很大空间，对首都经济社会发展的驱动力需要进一步释放。文化企业规模偏小，盈利能力较弱。文化企业的国际竞争力不强，缺乏具有影响力的文化领军企业。文化创新不足，文化创新转换为产品和服务的效率较低，文化与文物、旅游、园林、科技、城建、休闲等关联产业的发展水平存在错位。

（三）生活质量距离全球最优差距明显①，满足居民美好生活需要仍然任重道远

一是居民收入稳步增长，但缩小城乡收入差距任务依然艰巨。虽然北京整体上富裕程度较高，2020年人均生产总值为16.76万元，居全国各省份首位；居民人均可支配收入为69434元，是全国平均水平的2.16倍。但整体而言，扩大中等收入群体和缩小收入差距任务艰巨。问卷调查显示，住房、教育等支出负担较重，生儿育儿难题凸显。

二是就业选择丰富，但晋升机会满意度较低。北京市城镇新增就业人数曾连续多年保持40万人以上增长水平，虽然近年来有所下降，但仍然是毕业生择业

---

① 在美世第20次全球城市生活质量排名中北京列第119位，距离全球最优差距明显，主要是由于生活成本过高等造成的。

的首选城市①。但调查显示，大家普遍对晋升机会满意度不高，且不同行业、不同职业间差异明显，服务业满意度评价明显低于新兴产业。

三是精神生活不断丰富，快餐文化影响生活质量。北京居民生活水平逐渐提高，生活方式、城市功能和产业结构等方面相继向休闲化发展。虽然北京休闲化程度综合水平全国领先，但网络文化、流行文化盛行，短视频领域、网络游戏领域增长迅速，剧本杀等新模式冲击着居民精神文化世界，内容良莠不齐，充斥着暴力、低俗、迷信等元素，优秀传统文化精神匮乏，文化乱象时有发生。调查显示，基本每天都去文化休闲场所的居民不足 3%；休闲活动的日常支配方式中选择刷手机新闻或短视频的人群占 36.4%，高于选择读书的人群（占比为 33.6%）和选择健身的人群（占比为 34.9%），休闲目的逐渐"短视化"。

四是健康素养水平不断提升，睡眠、心理等身心健康问题需要引起重视。北京市居民健康素养水平提升，2020 年达 36.4%，比 2018 年提升 4.1 个百分点，高于上海的 35.6%。调查显示，北京市民身心健康状况总体评价较好，但心理状况评价较低，睡眠质量尤其堪忧。全民健身意识增强，执行力仍有待提高，每天出入健身场所的居民未及两成。

五是生活圈配套不断优化，但停车难等问题依然突出。调查显示，居住地生活环境中对"停车便利性"的评价较低，"满意"为 59%，明显低于邻里关系（77%）、社区治安安全、物业服务、社区绿化、垃圾分类、体育健身器材提供（64%）。

第四节　实现首都现代化的路径选择

针对"两强、两弱、三平"特征，分领域分类施策，推动首都现代化各项目标如期顺利实现。

---

① 智联招聘发布的《2021 上半年大学生就业报告》显示，2021 年国内就业市场新增 900 多万应届毕业生；国家信息中心结合教育部和智联报告数据推算，2021 年海外留学生学成回国人数将首次超过 100 万人。无论是国内毕业生还是留学生，北京都是其择业的首选。

一、系统谋划，分领域推进现代化各项工作

深入落实首都城市战略定位，始终坚持首都意识和首善标准，做好首都安全稳定各项工作。

（一）以增强治理能力为导向，提升治理现代化水平

看首都首先从政治上看，推进首都治理现代化，既是国家治理体系和治理能力现代化的重要内容，也是首都率先基本实现社会主义现代化行稳致远的重要保障。要具有责任担当，不断提升首都治理能力和治理体系现代化水平，服务保障好首都功能提升。以网络和先进技术为突破，推动治理和服务重心向基层下移。

（二）以增强持续发展动力为导向，锻造经济现代化发展长板

充分发挥好首都资源要素优势，打造经济高质量发展的北京样板，为全国提供引领示范。用足用好"两区""三平台""北交所"等政策叠加优势，用好"三城一区"等平台，围绕科技创新、数字经济等领域，抢占新赛道，做好基础研究和技术储备，掌握产业链核心环节，提升产业基础能力和产业链现代化等水平，打造经济高质量发展的北京样板。

一是"补短板"，持续提高制造业核心竞争力，支撑首都实体经济高质量发展。围绕新一代信息技术、医药健康、新能源智能网联汽车、未来产业等重点领域龙头企业或产业链关键环节，持续推进高精尖重点项目落地；加强优势行业补链、延链、强链，大力发展智能制造，促进制造业与服务业融合发展，提升制造业增加值率，提高制造业效益。加强京津冀产业对接协作，构建布局合理、梯次发展的区域产业链。利用行业协会、国际活动等平台，推动企业参与"一带一路"建设，进一步扩大产业交流合作。

二是"锻长板"，在优势产业领域培育一批具有国际影响力的企业。瞄准全球前沿、对标国际一流、着眼提高对全球资源要素掌控力、着眼供应链安全稳定，培育一批具有全球竞争力的科技龙头骨干企业、一批数字经济标杆企业、一批生产性服务业企业品牌、一批具有国际竞争力的供应链企业，切实增强我国在国际分工体系中对核心资源要素的掌控力，为畅通国际循环、培育国际竞争新优势贡献自身力量。

三是"优结构"，着眼城乡区域统筹协调发展，不断优化经济空间格局。顺应全球产业演化的基本趋势，高质量建设"三城一区""两区"等重点承载空间，促进产城融合；高标准打造"双枢纽"航空新城、港城融合；高水平培育

经济发展带，强化产业分工和上下游联动，不断优化经济空间结构，提升资源要素的全球影响力。

四是"育环境"，着眼国际化、法制化、便利化要求，加快打造国际一流营商环境。提升营商环境国际化、法制化、便利化水平。着眼企业体验巩固营商环境改革成果，为企业营造良好的生态，最大限度地为各类要素跨境自由流动提供便利，实现成本最小化。紧盯企业的迫切需求、前瞻性需求，量身定制配套一批支持政策，提高政策的精准度和针对性。强化合规化管理，提升合规竞争力。

（三）以强化价值观引领、挖掘文化内涵、增强文化体验为导向，全面提升文化现代化水平

充分挖掘首都文化内涵，不断彰显中华民族优秀传统文化的影响力。立足建设伟大社会主义祖国的首都、迈向中华民族伟大复兴的大国首都和国际一流和谐宜居之都，立足"四个文化"基本格局，切实增强传承中华优秀传统文化、弘扬革命文化、繁荣社会主义先进文化的历史担当，努力成为社会主义先进文化的传播者、凝聚全球亚洲文明的集结者、推动人类文明发展的贡献者。

一是坚持社会主义核心价值引领。引领中国特色社会主义文化走向世界，大力弘扬传播中华优秀传统文化精髓和当代中华文化创新成果，积极倡导构建人类命运共同体等重大倡议，向世界展示中国历史底蕴深厚、各民族多元一体、文化多样和谐的文明大国形象。

二是持续深入挖掘首都文化重要内涵。立足北京历史文化发展脉络，着眼新时代文化价值，将中华优秀传统文化与古都文化、红色文化、京味文化和创新文化有机融合，深入挖掘和诠释首都文化的当代价值，丰富中国理论和北京实践。

三是切实推进公共文化高品质供给。始终将"为了人民"作为文化建设的根本宗旨，以人民群众的全面发展程度、文化需求满足程度、精神力量增强程度作为文化建设的根本评判尺度，不断深化公共文化服务供给侧结构性改革，积极打造公共文化服务体系示范区，切实满足人民群众多样化、多层次、多方面的精神文化需求。

四是加快打造具有国际竞争力的创新创意城市。结合各区文化资源禀赋和产业基础，支持新媒体、动漫网游及数字内容、影视产业、创意设计、会展服务等文创产业发展。推动文化要素与科技、金融、体育等深度融合发展，不断丰富文化产品供给，持续释放文化创新活力。

五是打造对外文化传播交流展示平台。积极承接办好重大国际活动、重要赛

事等，构建"'一带一路'+友好城市"模式，打造"中国—中东欧国家首都市长论坛""城市发展论坛"等常态化活动载体，积极参与国家对外传播工程，持续拓展文化"走出去"途径，促进中华文化与世界各地文化的交流交融、互学互鉴。

（四）以构建"四化四多"公共服务发展格局为导向，从根本上缓解优质服务的供需矛盾，全面提升社会现代化水平

立足以人民为中心思想，围绕首善之区"七有"需求和"五性"要求，通过现代化的公共服务供给，更好地满足人类生存和发展的需要，更好地促进人与人、人与社会之间的和谐共生。同时，要关注收入分配关系，做好低收入户脱低工作，扩大中等收入群体，缩小收入分配差距，降低基尼系数和人民群众住房、子女教育等负担。

一是以清单化和标准化实现基本公共服务更高水平均等化。明确基本公共服务范围、服务项目和权责关系，规范市、区、街各级支出责任和分担方式，实现基本公共服务按项目打包、按人头付费，财政支出以人为单位实现全面均等。

二是以供给侧改革和需求侧管理构建公共服务"四化四多"发展格局。建设公共服务数据共享平台、产权转换平台和资源交易平台，推动公共服务数据有效产出、交换、流动和使用，试点开展非营利类公共服务资源区间内流动，试点推进公共服务资源所有权、收益权和经营权"三权分置"改革。提高社会公共服务设施运营社会化专业化水平。按照管办分离的原则，原则上政府新建社会公共服务设施一律采取公建民营，存量设施逐步转为公办民营。研究设立市级公共服务设施建设指导标准，首先在城市副中心公共服务综合设施"家园中心"建设中探索实践，形成"功能整合、各取所需、相互融合、切换便捷"的家园中心建设指导标准。

三是加强预期管理，缓解群众公共服务焦虑。坚持服务型政府建设，践行"尽力而为、量力而行"理念，引导群众正确认知教育、医疗和养老的功能和定位。精准疏导中产焦虑，加大对不良自媒体刻意放大焦虑、营造恐慌的打击和针对性宣传工作，加强政务公开透明，稳定群众政策预期，支持高水平专家学者就教育理念、健康理念和未来形势研判等广泛发声。

（五）以生态环境质量的根本改善为导向，全面推进生态文明建设

持续推进生态文明建设，实现生态环境质量得到根本改善。

一是加强区域协同，强化政策保障和科技引领，不断增强人民群众的蓝天幸

福感。以改善大气环境质量为核心，聚焦大气污染治理的主要矛盾和关键问题，以细颗粒物治理为重点，强化臭氧协同控制，突出精准治污、科学治污、依法治污，持续优化交通结构、产业结构，促进区域协同绿色发展，强化政策保障和科技引领，不断增强人民群众的蓝天幸福感。

二是聚焦"调、填、净"，加强水资源、水环境、水生态治理。围绕多调水、填漏斗，治污水、提水质，强协调管控、优水生态，完善水资源、水环境、水生态治理。

三是多措并举，推进减污降碳。以经济社会发展绿色转型为引领，以能源绿色低碳发展为关键，以碳中和技术研发应用为支撑，深入实施绿色北京战略，加快推进清洁能源利用，提升能源利用效率，健全碳市场运行机制，深化区域和国际合作，构建多能互补、清洁低碳、安全高效的能源体系，多措并举推动减污降碳。

（六）以建设国际一流和谐宜居之都为目标，全面提升城市现代化水平

立足建设国际一流和谐宜居之都的目标，推动城市深刻转型，提升城市品质。

一是以功能疏解为引领，推动城市空间布局向多中心发展。以功能疏解带动副中心和平原新城现代化水平提升，强化多中心布局。分类推进实施城市更新，探索统筹不同行业、不同区域、不同层级、统筹不同资金、统筹不同实施主体的城市更新机制，推进低效楼宇改造提升，加强老旧厂房合理利用，细化街区保护更新鼓励政策，抓好老旧小区改造，丰富局部城市功能。强化京津冀城市群主要发展轴线和节点城市建设，加强京津冀交通互联互通，初步构建京津冀城市群 2 小时交通圈和北京都市区 1 小时通行圈，在建设"强核心、多组团、多中心、密网络"城市群上实现突破，促进资源要素在京津冀区域内优化配置。

二是以提供更加优质服务供给为目标，加强基础设施承载能力建设。继续大力提升交通基础设施综合承载能力，到 2025 年，轨道交通运营里程（含市郊铁路）达 1600 公里，轨道交通占公共交通出行比例提升至 56%，中心城区 45 分钟以内通勤出行比例达 60%，道路交通指数控制在 6.0 以内。对标实现 2025 年全球新型智慧标杆城市目标，建成国际领先水平的新型基础设施。立足迈向中华民族伟大复兴的大国首都实际，适应重大国事活动常态化，前瞻性谋划涉外设施和能力建设，提升国际交往功能设施的综合承载能力。针对居民生活实际需求，适度增加停车设施，加强面向"一老一小"的优质公共服务设施供给，提高居民

生活便利度。着力完善多层次住房制度体系，优化人居环境。

三是以保证城市安全发展为底线，全方位推进现代化韧性城市建设。以问题为导向，从改革的高度出发，与分布式能源、海绵城市、水处理、应急物资储备、公共卫生应急体系等协同推进韧性城市建设。创新完善城市工程韧性，深化韧性城市精细治理，确保应急基本物资储备机制有效运行，建立跨区域全社会的协调治理机制，强化韧性城市外围支撑保障体系建设。通过大数据、云计算、人工智能等手段打造智慧城市，完善突发公共卫生事件预警、应急响应、应急处置机制和能力建设。

（七）以提高居民生活质量为导向，扎实推进人的全面发展

以提高居民生活质量为导向，加快配套支持政策，着力探索提升居民生活质量的路径和举措，打造幸福生活家园。

一是通过创造就业、增加收入、畅通渠道，打造创新共享的新型工作圈。合理缩小城乡收入差距，多渠道拓展居民收入；建设紧凑共享的创新工作圈，提高工作效能。

二是通过丰富内容、优化布局、提升品质，营造幸福生活圈。综合施策降低生活成本、提高生活效率；制定并完善家庭友好政策，破解"一老一小"难题；实施"健康北京市民计划"，促进市民身心健康；建设均衡便捷的创新生活圈，打造幸福美好生活家园。

三是实现工作生活融合互促，打造美好幸福家园。协调居住和就业功能关系，加强对相邻地区和发展轴线的统筹协调，打造宜居宜业宜游的"生活共同体"，促进工作生活融合互促。

二、重点突破，补齐现代化发展短板

短板都是难点、堵点问题，需要统筹谋划、啃硬骨头、打硬仗。

一是清单化突破。梳理七大领域中的短板，编制重点任务清单路线图，列出突破性抓手清单和重大改革诉求清单，有序推动目标实现。例如，在生态领域，要聚焦大气污染治理的主要矛盾和关键问题，突出精准治污、科学治污，完善实施方案和行动计划；在增收领域，要研究制定居民人均可支配收入持续稳定增长行动计划，开展率先扩大中等收入群体工程，开展低收入群体帮扶工程，推动共同富裕率先取得更为明显的实质性进展。如表1-6所示。

表 1-6　指标体系中的主要短板指标

领域	维度	核心指标	现状	2035 年目标值
经济	效率提升	人均 GDP（万美元）	2.4	5
		全员劳动生产率（万元）	28.2	55
治理	营商环境	全球营商环境指数排名 *	41	全球 Top10
文化	文化体验	十万人拥有博物馆数（个）	0.83	1
社会	收入分配	居民可支配收入（万美元）	1	2.5
		城乡收入比	2.57	2
生态	环境质量	PM2.5（微克/立方米）	42	20
	资源利用	单位地区生产总值能耗（吨标准煤/万元）	0.23	0.2 以下
		单位地区生产总值水耗（立方米/万元）	11.78	8 以下
城市	城市功能	平均通勤时间（分钟）	47	30

注：* 表示资料来源于科尔尼 2019 全球城市营商环境评价体系。

　　二是改革突破。北京实现现代化和共同富裕的重点在农民，难点在生态涵养区农村。要以改革创新为根本动力，以缩小三大差距特别是城乡差距为主攻方向，加大向农村、基层、薄弱地区和中低收入群体政策倾斜力度。健全就业、收入分配、区域协同、乡村振兴、产业发展、生态环保、公共服务、社会保障、财政税收、金融支持等领域政策措施，着力破解现代化各环节的体制机制障碍。

　　三是要素突破。促进人才、资本、技术、数据等优质资源要素自由有序流动、实现市场化配置，是新阶段完善市场经济体制改革的行动纲领，又为北京持续深化供给侧结构性改革，进而推动经济高质量发展指明了现实路径。要努力在推动要素市场化改革、激发市场活力上采取更务实举措。加快高端人才集聚培养，夯实人才要素支撑。利用好北京证券交易所成立契机，加强多层次金融市场体系建设，放大北京资本优势，牵手资本领域顶级"朋友圈"。

　　四是开放突破。以更深层次改革推动"两区"任务落实、落细，更加努力优化资源要素配置，提升国际化能级、释放市场化活力。北京要充分抓住"两区"建设的重大机遇，积极悟透政策、谋划项目，加强制度创新和配套政策改革，推动试点式的、局部的开放制度创新向系统化、整体化制度设计转变，更加主动提升国际化能级、释放市场化活力，增强国内、国际联动效应，畅通国内、国际循环，促进首都高质量发展。

三、与时俱进，丰富首都现代化内涵

根据国内外形势变化，深入研究借鉴联合国、世行、OECD 等以及其他权威机构评价体系中的重点指标和新指标，不断丰富首都现代化的内涵，不断充实完善北京市现代化评价体系。比如提升居民身心健康质量方面，可以考虑成人肥胖比例、睡眠不足人口比例、工作压力程度、长时间工作员工比例等指标；丰富精神生活、提升工作生活品质方面，可以考虑与儿童平均沟通时间、有 5 人以上亲密朋友的人口比例、参加艺术活动的频次、博物馆参观率等指标；双碳背景下提升经济发展质量方面，可以考虑增加非化石能源消费比重、终端用能电气化率等指标，并探索研究单位 GDP 碳排放等指标的可行性等。结合北京作为首都和超大城市的实际，还可以考虑农业生态价值等指标。

在借鉴全球现代化相关经验的同时，也要深入研究西方城市在现代化进程中走过的"弯路"和留下的"后遗症"，探索实现中国特色的社会主义现代化路径和举措，避免陷入西方现代化陷阱。

课题指导：徐逸智　王广宏　刘秀如

执 笔 人：刘作丽　李金亚　刘沛罡　包　颖　刘　烨　马晓春　滕秋洁

专题研究

第二章　率先实现首都经济现代化的关键问题和有效路径

经济现代化是实现首都现代化的最基础、最根本、最关键驱动力，党的十九届五中全会展望 2035 年基本实现社会主义现代化远景目标，提出我国经济总量和城乡居民人均收入再迈上新的大台阶，经济总量（GDP）和居民收入也是经济领域中最为核心的指标。北京作为国家首都和超大城市，在全国率先全面建成了小康社会，经济现代化建设的很多方面也已走在全国前列。2020 年北京人均 GDP 约为 2.4 万美元，居全国各省份首位，人均可支配收入为 6.94 万元，居全国各省份第二位，已经具备率先实现经济现代化的基础和条件。深刻理解首都经济现代化的科学内涵，准确识别首都经济现代化的关键问题，率先探索实现经济现代化的有效路径，是需要认真研究阐释的重大命题。北京需积极探索、主动作为，补短板、锻长板、优结构、畅循环，努力实现经济领域稳定、持续、高效增长，不断缩小与发达城市的差距，率先实现经济现代化，为全国作出表率，力争到 2035 年经济领域核心指标接近全球 5～10 名先进城市行列，对标追赶纽约、伦敦、巴黎、东京。

第一节　经济现代化的理论基础

一、经济现代化是现代化进程的关键（基础）驱动力

根据马克思主义生产力决定生产关系、经济基础决定上层建筑的著名论断，

社会变迁的动力是解放和发展生产力，是经济增长和结构变革。综观世界现代化研究，现代化的驱动力复杂多元，不同阶段、不同流派的观点不尽相同，但经济现代化是贯穿始终的最根本（最基础）驱动力。虽然不能够直接把经济发展完全对等为经济现代化过程，但如何促进经济增长和经济结构优化，推动从传统经济结构向现代经济结构转变，无疑是经济现代化战略的核心。

具体来讲，经济现代化就是指自18世纪以来经济领域发生的一种革命性变化，它包括从农业经济向工业经济、从工业经济向知识经济的两次转变（经济转型）、劳动生产率和国民收入的持续增长（经济增长）、经济福利的大幅改善以及国内经济公平（经济进步）和国际经济地位的明显变化（国际竞争）。第二次经济现代化的主要变化如表2-1所示。

表2-1 第二次经济现代化的主要变化

领域	主要的变化或新特点
经济结构	知识产业占主导地位，物质产业和一般服务业居次要地位
生产模式	知识生产超过粮食生产，知识产业超过物质产业，灵活的、分散的和实时生产
流通方式	经济全球化、电子商务等
经济增长	知识和技术对经济增长的贡献超过其他生产要素总和，经济增长和生态进步的协同
生产要素	知识、无形资产和知识劳动者成为核心生产要素
企业管理	全面质量管理、柔性管理、知识管理、创新管理、文化管理和战略管理
工作观念	弹性工作、远程工作、部分雇佣等，重视工作意义和个人兴趣
商品价值	创新价值论和劳动价值论的结合
分配方式	按贡献分配，按需要调节，知识资本和投资资本都参与纯收入分配
经济形态	知识经济、信息经济、生态经济、文化经济、体验经济等

资料来源：何传启.东方复兴——现代化的三条道路［M］.北京：商务印书馆，2003.

二、习近平经济思想是经济现代化研究的理论基础

时代是思想之母，实践是理论之源。自党的十八大以来，以习近平同志为核心的党中央科学认识和把握发展规律，成功驾驭我国经济发展大局，形成了习近平新时代中国特色社会主义经济思想（以下简称习近平经济思想），为当前以及未来我国经济发展提供科学理论指引，为开启全面建设社会主义现代化国家新征程、向第二个百年奋斗目标进军提供指导思想。

习近平经济思想根植于自党的十八大以来以习近平同志为核心的党中央发展经济的实践，立足于中国的基本国情和世界发展趋势，以马克思主义政治经济学关于生产力与生产关系的基本矛盾为理论框架，先后提出了"三期叠加"（2013年7月中央政治局常委会）、"使市场在资源配置中起决定性作用、更好地发挥政府作用"（2013年11月十八届三中全会）、"新常态"（2013年12月中央经济工作会）、"新发展理念"（2015年10月十八届五中全会）、"以人民为中心"（2015年10月十八届五中全会）、"供给侧结构性改革"（2015年11月中央财经领导小组第11次会议）、"主要矛盾变化""高质量发展"（2017年11月党的十九大报告）、"现代化经济体系"（2017年底中央经济工作会议）、"新发展格局"（2020年4月中央财经委会议）、"新发展阶段"（2020年10月党的十九届五中全会），形成了完整的思想体系，全面系统深刻地回答了关于发展目的、发展阶段、发展理念、发展路径等一系列问题。

三、习近平经济思想中对"现代化经济体系"的表述

1. 党的十九大首次提出建设现代化经济体系

党的十九大报告提出，我国经济已由高速增长阶段转向高质量发展阶段，正处在转变发展方式、优化经济结构、转换增长动力的攻关期，建设现代化经济体系是跨越关口的迫切要求和我国发展的战略目标。必须坚持质量第一、效益优先，以供给侧结构性改革为主线，推动经济发展质量变革、效率变革、动力变革，提高全要素生产率，着力加快建设实体经济、科技创新、现代金融、人力资源协同发展的产业体系，着力构建市场机制有效、微观主体有活力、宏观调控有度的经济体制，不断增强我国经济创新力和竞争力。

2. 中共中央政治局第三次集体学习提出"六个体系，一个体制"的现代化经济体系内涵

2018年1月30日，习近平总书记在中共中央政治局第三次集体学习时，进一步阐述了现代化经济体系的深刻内涵，明确指出，现代化经济体系，是由社会经济活动各个环节、各个层面、各个领域的相互关系和内在联系构成的一个有机整体，即"六个体系，一个体制"。

——要建设创新引领、协同发展的产业体系，实现实体经济、科技创新、现代金融、人力资源协同发展，使科技创新在实体经济发展中的贡献份额不断提高，现代金融服务实体经济的能力不断增强，人力资源支撑实体经济发展的作用

不断优化。

——要建设统一开放、竞争有序的市场体系，实现市场准入畅通、市场开放有序、市场竞争充分、市场秩序规范，加快形成企业自主经营公平竞争、消费者自由选择自主消费、商品和要素自由流动平等交换的现代市场体系。

——要建设体现效率、促进公平的收入分配体系，实现收入分配合理、社会公平正义、全体人民共同富裕，推进基本公共服务均等化，逐步缩小收入分配差距。

——要建设彰显优势、协调联动的城乡区域发展体系，实现区域良性互动、城乡融合发展、陆海统筹整体优化，培育和发挥区域比较优势，加强区域优势互补，塑造区域协调发展新格局。

——要建设资源节约、环境友好的绿色发展体系，实现绿色循环低碳发展、人与自然和谐共生，牢固树立和践行绿水青山就是金山银山理念，形成人与自然和谐发展现代化建设新格局。

——要建设多元平衡、安全高效的全面开放体系，发展更高层次开放型经济，推动开放朝着优化结构、拓展深度、提高效益方向转变。

——要建设充分发挥市场作用、更好发挥政府作用的经济体制，实现市场机制有效、微观主体有活力、宏观调控有度。

3. 党的十九届五中全会进一步丰富"现代化经济体系"内涵，突出自立自强和共同富裕

将自立自强摆到更加突出的位置。提出坚持创新在我国现代化建设全局中的核心地位，把科技自立自强作为国家发展的战略支撑。现代化产业体系建设方面要求全链条，自主可控。提出要构建以国内大循环为主体、国内国际双循环相互促进的新发展格局，必须把发展的立足点放在国内，更多地依靠国内市场实现经济发展。

共富发展丰富了"以人民为中心"的思想内涵。提出坚持共同富裕方向，始终做到发展为了人民、发展依靠人民、发展成果由人民共享，维护人民根本利益，激发全体人民积极性、主动性、创造性，促进社会公平，增进民生福祉，不断实现人民对美好生活的向往。

第二节 首都经济现代化的内涵

一、首都经济现代化的基本框架

（一）首都现代化是国家现代化的重要组成部分，首都经济现代化要为全国经济现代化做出表率，率先实现到 2035 年翻番的目标

党的十九届五中全会展望 2035 年基本实现社会主义现代化远景目标，提出我国经济总量和城乡居民人均收入再迈上新的大台阶。这既点出了国家努力的目标指向，也是北京作为首善之区必须要对标对表的目标。

北京发展阶段领先全国，具有发达国家水平的部分特征，具备现代化建设的先发优势和资源要素条件，具备率先实现经济现代化的良好基础。但也面临不平衡、不充分的矛盾，主要表现在人均 GDP 以及支配收入等主要经济指标与全球20 个发达标杆城市差距较大。

（二）首都经济现代化是实现首都现代化的最基础、最根本、最关键驱动力

"五位一体"总布局是一个有机整体，各部分相互影响、相互促进，是局部与整体的关系，必须统筹兼顾，全面推进。其中经济建设是中心，邓小平曾指出，现代化建设的任务是多方面的，离开了经济建设这个中心，就有丧失物质基础的危险。以经济建设为中心是自党的十一届三中全会以来明确而又一贯的战略思想，是党对历史经验教训的总结，是由我国社会的主要矛盾和主要任务决定的，也是由国际和国内形势决定的。要实现社会主义现代化、实现中华民族伟大复兴的中国梦，必须继续坚持以经济建设为中心，统筹协调推进"五位一体"总布局，实现有质量、有效益、可持续的发展。因此，经济现代化是推动实现首都现代化的最基础、最根本、最关键驱动力，是实现政治、文化、生态、社会、城市、人的现代化的前提和基础；经济领域的人均 GDP 等指标，是现代化最为核心的指标。

二、首都经济现代化指标体系

2035 年，北京要率先基本实现社会主义现代化，经济领域更是要率先实现。

北京作为一个城市，实现经济现代化，一是要把握好高质量发展这一根本要求；二是要把握好供给侧结构性改革这一主线；三是要把握好质量变革、效率变革、动力变革这一路径；四是要把握好现代化产业体系、城乡区域发展体系这一着力点；五是要把握好"三增"（人民增收、企业增利、财政增长）这一目标和落脚点。具体来讲，主要有两个抓手，一个是抓产业体系，另一个是抓城乡区域协调，通过两个抓手实现"三增"。参考 GaWC 和 GPCI 中经济和创新维度的指标，结合北京市实际情况，按照政策含义明显、统计数据齐全、有国际可比性和借鉴意义等标准构建指标体系，如表 2-2 所示。

表 2-2 首都经济现代化指标体系设计

维度	指标	现状	2035 年目标值
效率提升	人均 GDP（万美元）	2.4	5
	全员劳动生产率（万元）	28.2	55
结构优化（创新引领数字驱动）	全球创新百强企业	1	5
	高价值发明专利申请（项/万人）	—	82
	人均知识产权出口（美元）	12.9	200
	数字经济增长速度（%）	—	8
绿色低碳	单位地区生产总值水耗（立方米/万元）	11.78	8 以下
	可再生能源占能源消费比重（%）	8	20
居民增收	居民可支配收入（万美元）	1	2.5
	城乡收入比	2.57	2
财政增长	一般公共预算收入年均增长	—	与 GDP 增长同步
营商环境	全球营商环境指数排名*	41	全球 Top10

注：*表示资料来源于科尔尼 2019 全球城市营商环境评价体系。

第三节 北京实现经济现代化的关键问题

整体而言，在全球城市排名中，北京经济地位稳步提升，以经济排名为主的 GaWC 世界城市网络排名中北京排在第 6 位；在综合实力 GPCI 排名中虽然北京总排名第 15 位，但经济类排名第 3 位、研究开发排名第 13 位，北京经济现代化已经基本达到了发达国家的现代化水平。但对标全球城市，仍然在效率、结构等方面存在问题。

一、产业体系：不断优化，但科技创新、数字变革、现代金融支撑经济高质量发展的潜力有待释放

产业体系是建设现代化经济体系的重要支撑。产业体系的主体是实体经济，根本动力源是科技创新，"血脉"是现代金融，最宝贵的资源是人力资源。虽然北京已经构建起以金融、信息、科技、商务服务等为主体的产业体系，高端化特征明显；但近年来支撑北京经济增长的重点产业出现分化，结构性问题显现，持续稳定增长动力有待挖潜。如图 2-1 和表 2-3 所示。

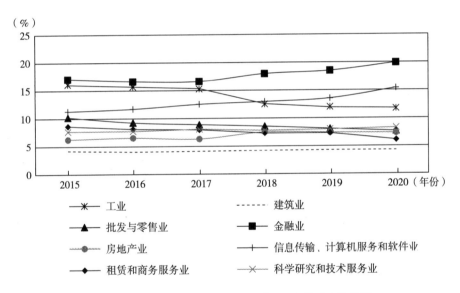

图 2-1   2015~2020 年北京分行业占 GDP 比重变化情况

表 2-3   2015~2020 年北京分行业对 GDP 的贡献率   单位：%

年份	工业	建筑业	金融业	房地产业	信息传输、计算机服务和软件业	租赁和商务服务业	科学研究和技术服务业
2015	-2.13	3.52	33.77	6.49	31.95	17.04	6.10
2016	11.90	2.40	12.98	8.82	15.22	3.49	8.08
2017	10.54	4.91	16.39	3.99	21.50	6.25	11.96
2018	-2.63	4.85	25.46	14.05	15.36	3.82	6.24

续表

年份	工业	建筑业	金融业	房地产业	信息传输、计算机服务和软件业	租赁和商务服务业	科学研究和技术服务业
2019	4.47	5.56	26.20	6.15	21.80	7.19	10.95
2020	-3.36	3.57	87.96	3.20	103.46	-52.83	21.69

注：本表不包含批发与零售业数据。

（一）新经济对经济增长的贡献度不断提升，是支撑经济持续稳定向好、增强发展韧性的重要力量

自"十三五"以来，以新产业、新业态、新模式为特点的新经济加快成长壮大，在引领转型升级、推动经济疫后恢复中发挥了重要作用。2021年上半年，北京市新经济实现增加值7870.8亿元，占GDP的比重达40.9%，比2016年提高6.8个百分点。新经济对经济增长的贡献度约为四成，远高于全国的两成；2020年受新冠肺炎疫情影响，新经济的作用更加突出。其中，以战略性新兴产业、高技术产业为代表的高端产业加速发展壮大，成为经济增长的重要动力源。

受平台企业整改、"双减"政策冲击等因素的影响，继续保持住新经济对北京市经济增长的贡献面临很大压力，要时刻关注新经济的发展趋势和国内政策的调控导向，坚持发展和规范并重，优化新经济的要素组合、提升要素配置效率，推动新经济在稳定经济增长、构建现代化经济体系中发挥更大作用，增强发展韧性、激发发展活力、转化发展动能。如图2-2和图2-3所示。

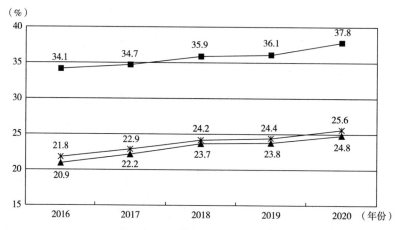

图2-2 2016~2020年北京新经济相关指标

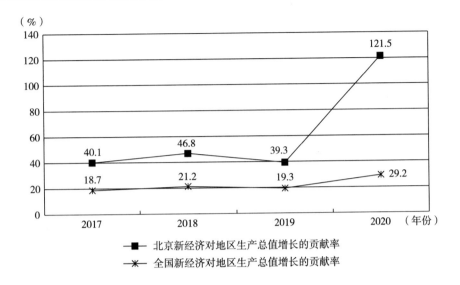

图 2-3 2017~2020 年新经济对经济增长的贡献率

（二）以制造业为主要代表的实体经济短板依然明显，符合功能定位的产业链规模和现代化水平亟待提升

北京工业增加值占 GDP 比重由 1978 年的 64.5% 下降至 2020 年的 11.7%，在国内主要城市中排名倒数，也显著低于纽约、东京等国际先进城市的同期水平（见图 2-4）。从制造业（工业）占 GDP 比重关系曲线看，北京的曲线明显比东京、纽约等城市更加"陡峭"，比重下滑速度过快（见图 2-5）。北京自身在产业发展过程中存在部分产业链条缺失，既缺少"群主型"的龙头企业，也缺少一批"活跃群"的单项冠军和隐形冠军企业，非首都功能疏解进一步将先进制造业等基础支撑环节从北京剥离，部分制造业企业处于孤立式发展状态，动摇高精尖龙头企业在京发展的基础。津冀在产业结构、产业梯度等方面与北京存在较大的落差，京津冀尚未形成"以龙头企业为引领、单项冠军企业为支撑、大中小微企业融通协作发展"的产业集群和完整的产业链条。

虽然北京在新一代信息技术、集成电路、医药健康等高精尖产业上已经拥有一定优势，但北京还没有形成一批在全国全球具有突出优势和较强竞争力的主导优势产业链。工业和信息化部分别于 2019 年 8 月和 2020 年 5 月启动了第一批和第二批先进制造业集群初赛，围绕新一代信息技术、高端装备、新材料、生物医药等重点领域，通过公开招标选出集群发展促进机构，支持其所代表的先进制造

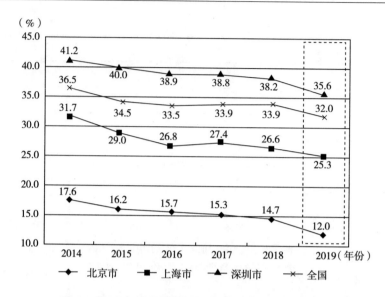

图 2-4　2014~2019 年北京工业增加值占比对比情况

注：2014~2018 年为统计公报数据，2019 年为初步核算数据。

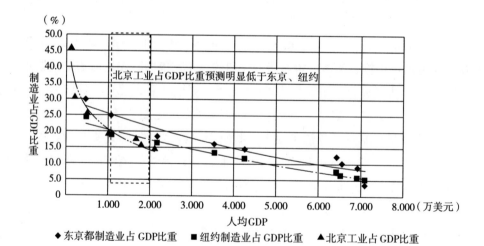

图 2-5　同一阶段北京制造业（工业）占比对比情况

注：由于统计口径问题，2013 年之前北京未公布制造业增加值数据，因此采用工业增加值占比近似替代。

业集群的培育发展。两批先进制造业集群初赛共有 135 家先进制造业集群参赛，共有 44 个集群胜出；北京仅有 1 个集群胜出，而江苏有 8 个集群胜出，广东、浙江各有 7 个集群胜出，上海也有 3 个集群胜出。

（三）金融业"血液"循环不畅，内部结构、效益等方面存在问题，脱实向虚问题严重，北京证券交易所成立迎来更高质量发展契机

现代金融是经济持续健康发展的"血液"系统，要使现代金融服务实体经济的能力不断增强。金融业对北京市经济发展贡献突出，增加值占 GDP 比重从 2017 年的 16.6%增加到 2020 年的 19.9%，已成为首都经济的第一大支柱产业（见图 2-6）。北京金融业体量与上海基本相当，但相比上海，北京金融业面临着结构和业态调整的迫切需要。

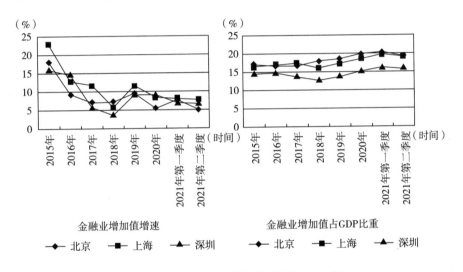

图 2-6　京沪深金融业增加值增速和占比对比

北京金融业以货币金融服务（银行业）为主（见表 2-4），资本市场欠发育，在国家脱虚向实、普惠金融等政策引导下，以存贷息差收入主导的银行业利润空间将会压缩，让渡（回归）给实体经济，将给北京金融业高质量发展以及对金融业税收依赖度高的首都财政运行带来严峻挑战，亟须谋划调整金融业结构来提升金融发展质量。北京证券交易所的设立，可以促进金融及相关配套服务联动发展，特别是券商、事务所等中介机构发展，需要把握好机遇，系统配套相关政策机制。

表 2-4　2018 年京沪金融业营业收入结构对比　　　　　　　单位：亿元

	北京	上海	北京/上海
总计	24901.7	14191.47	1.75

续表

	北京	上海	北京/上海
货币金融服务	12592.3	6979.24	1.80
资本市场服务	1119.8	2389.9	0.47
保险业	5988.2	3157.44	1.90
其他金融业	5201.4	1664.88	3.12

（四）科技赋能潜力尚需深度挖掘，企业创新主体地位、市场导向的科技投入产业机制有待完善

国家"十四五"规划纲要中明确提出"支持北京、上海、粤港澳大湾区形成国际科技创新中心"。2020 中关村论坛首次面向全球发布的《全球科技创新中心指数 2020》（GIHI）[1] 中入围的也仅有北京、上海和深圳 3 个城市（见表 2-5）。与上海、深圳相比，北京科技创新资源要素优势非常明显，但存在"院所强、企业弱""投入强、转化弱""数量多、顶级少"等问题。在 GIHI 评价中"顶级科技奖项获奖人数""论文被专利、政策、临床试验引用的比例[2]""创新100 强企业数量[3]"等指标排名均较为靠后，甚至落后于上海和深圳（见表 2-6）；国际科技开放与合作等相关指标，上海追赶的势头也非常迅猛。未来，要真正发挥科技创新是经济发展的第一驱动力作用，要使科技创新在实体经济发展中的贡献份额不断提高，亟待建立龙头企业牵头、高校院所支撑、创新主体相互协同的创新联合体。

表 2-5　《全球科技创新中心指数 2020》中国城市排名情况

排名（得分）	北京	上海	深圳
综合	5（84.68）	17（73.44）	25（70.07）
科学中心	8（85.97）	23（75.36）	29（64.89）
创新高地	3（86.49）	5（72.28）	4（77.24）
创新生态	11（88.09）	23（71.95）	26（67.46）

[1] 从科学中心、创新高地、创新生态 3 个维度，选取 12 个二级指标和 31 个三级指标，对 30 个分布在全球各地的知名创新热点城市（都市圈）进行评估。

[2] 北京"论文被专利、政策、临床试验引用的比例"仅为 0.33%，排在 30 个城市（都市圈）的第 18 位，远低于排第 1 位的教堂山—达勒姆—洛丽的 1.39%。

[3] 北京只有小米 1 家，远少于东京的 24 家，也少于深圳的 2 家（腾讯和华为）。

表2-6　2019年北京、上海科技创新相关指标对比

指标	北京	上海
研发支出占 GDP 比重（%）	6.20	4.20
基础研究支出占 GDP 比重（%）	14.80	7.80
每万人研发人员数量（人）	184.00	111.69
万人发明专利拥有量（件）	132.00	53.50
PCT 国际专利申请量（万件）	0.72	0.32
技术合同成交额（亿元）	5695.30	1522.21

（五）数字经济（信息产业）发展优势明显，数字变革驱动高质量发展仍有很大潜力可挖

当今时代的科技创新，必须牢牢把握信息化这一大方向，信息化是现代化的典型技术特征。自 2015 年以来，北京信息服务业增加值占全国的比重接近 15%，年均增速超过 16%；2020 年增加值规模达 5540.5 亿元，接近上海的 2 倍，表现出"规模领先、增速较高"的总体发展特征（见表2-7）。自新冠肺炎疫情以来，北京服务业受疫情冲击较大，多数行业出现下降，但信息服务业显示出较强抗风险能力，2020 年对北京市 GDP 的贡献率为 103.5%。虽然受平台企业整改等因素的影响，数字经济增长出现波动，但整体而言，北京数据资源优势得天独厚，优质企业多，人才基础好，市场规模大，应用场景丰富，要充分发挥优势，坚持整体性转变、全方位赋能、革命性重塑，驱动北京乃至全国经济社会发展质量变革。

表2-7　2015~2020 年北京信息服务业发展情况　　　单位：亿元,%

年份	北京		全国		增加值占比	增速差值
	增加值	增速	增加值	增速		
2015	2600.0	13.9	17516.8	9.9	14.8	4.0
2016	3003.9	15.5	20124.1	14.9	14.9	0.7
2017	3508.2	16.8	23808.9	18.3	14.7	-1.5
2018	4290.1	22.3	28733.5	20.7	14.9	1.6
2019	4783.9	11.5	32464.5	13.0	14.7	-1.5
2020	5540.5	15.8	37951.0	16.9	14.6	-1.1
2015~2020	—	16.3	—	16.7	—	-0.4

注：增加值占比为北京信息服务业增加值占全国信息服务业增加值的比重；增速差值为北京信息服务业增加值同比增速与全国信息服务业增加值同比增速之差。其中，增速为名义同比增速。

（六）减量发展、绿色低碳等经济发展的硬约束依然严峻

减量发展是发展方式的深刻变革，是城市发展的深刻转型，是集约高效的发展。目前，北京与世界发达城市相比高质量发展水平仍有较大差距，科技、人才优势潜力还有较大的释放空间，创新驱动、改革推动作用还有较大的发挥空间，减量发展的体制机制尚未咬合落地，市场配置资源的决定性作用有待充分发挥。从人均效率来看，2019 年全社会劳动生产率超过 26.5 万元/人，约为国际大都市水平的 1/3；2019 年，北京市人均 GDP 约为 2.4 万美元，约为纽约市的 1/5。从核心竞争力来看，北京关键核心技术和自主知识产权仍然不足，中关村人均创新产出（每万人发明专利授权数）仅为硅谷的 1/2。从资源利用效率来看，万元 GDP 能耗、水耗虽然在全国处于领先地位，但与国外先进水平相比仍有较大差距。在减量发展背景下推进转型发展，转变思想观念、转变政府职能、转变方式方法都面临考验。

二、空间结构：不断优化，但仍然面临发展不均衡问题

（一）中心城区是北京市经济的主要承载体，城市副中心对北京市经济的支撑作用也日益增强，但平原新城潜力有待进一步释放

中心城区一直是北京市经济和优质要素的主要承载空间，2020 年对北京市 GDP 贡献达 72.8%。近年来，伴随城乡统筹力度加大、非首都功能疏解坚定有序，市域范围内主副结合、内外联动、南北均衡、山区和平原地区互补发展的格局不断完善，中心城以外地区功能不断完善，对北京市经济贡献不断提升，经济总量占北京市比重由 2005 年的 26.3% 提高至 2020 年的 27.2%；吸引固定资产投资占北京市比重由 2005 年的 29.6% 提升至 2020 年的 46.7%；2005～2020 年吸纳新增人口占北京市新增量的 64.7%（见表 2-8）。其中，城市副中心在北京市经济发展中的重要性提升最为显著，自"十五"以来，经济增速一直领跑全市，经济总量在北京市占比由 2005 年的 2.1% 提升至 2020 年的 3.1%（见表 2-9）；2005～2020 年人口增加了近百万，反磁力作用显现；吸引投资也由 2005 年占北京市 4% 提升至 2019 年的 12.1%（见表 2-10）。平原新城对北京市的支撑潜力有待进一步释放，虽然增速仅次于城市副中心，但增长较快的时间段出现在 2005～2015 年，近五年经济增速出现波动，增速低于北京市平均水平，占北京市经济比重也略微下降，需要引起关注。

表 2-8 北京各区常住人口总量及增量 单位：万人

	人口总量				人口增量			
	2005 年	2010 年	2015 年	2020 年	2005～2010 年	2010～2015 年	2015～2020 年	2005～2020 年
北京市	1538.0	1961.2	2170.5	2189	423.2	209.3	18.5	651.0
东城区	54.9	91.9	90.5	70.9	37.0	-1.4	-19.6	-23.7
西城区	66.0	124.3	129.8	110.6	58.3	5.5	-19.2	16.0
"一核"	120.9	216.2	220.3	181.5	95.3	4.1	-38.8	60.6
朝阳区	280.2	354.5	395.5	345.1	74.3	41.0	-50.4	64.9
丰台区	156.8	211.2	232.4	201.9	54.4	21.2	-30.5	45.1
石景山区	52.4	61.6	65.2	56.8	9.2	3.6	-8.4	4.4
海淀区	258.6	328.1	369.4	313.2	69.5	41.3	-56.2	54.6
"一主"	868.9	1171.6	1282.8	1098.5	302.7	111.2	-184.3	229.6
"一副"	86.7	118.4	137.8	184.0	31.7	19.4	46.2	97.3
房山区	87.0	94.5	104.6	131.3	7.5	10.1	26.7	44.3
顺义区	71.1	87.7	102.0	132.4	16.6	14.3	30.4	61.3
昌平区	78.2	166.1	196.3	226.9	87.9	30.2	30.6	148.7
大兴区	88.6	136.5	156.2	199.4	47.9	19.7	43.2	110.8
"多点"	324.9	484.8	559.1	690.0	159.9	74.3	130.9	365.1
门头沟区	27.7	29.0	30.8	39.3	1.3	1.8	8.5	11.6
怀柔区	32.2	37.3	38.4	44.1	5.1	1.1	5.7	11.9
平谷区	41.4	41.6	42.3	45.7	0.2	0.7	3.4	4.3
密云区	43.9	46.8	47.9	52.8	2.9	1.1	4.9	8.9
延庆区	28.0	31.7	31.4	34.6	3.7	-0.3	3.2	6.6
"一区"	173.2	186.4	190.8	216.5	13.2	4.4	25.7	43.3

表 2-9 北京各区 GDP 占比及名义增速 单位：%

	占北京市比重				名义增速			
	2005 年	2010 年	2015 年	2020 年	2005～2010 年	2010～2015 年	2015～2020 年	2005～2020 年
北京市	100.0	100.0	100.0	100.0	102.5	63.1	56.9	418.0
东城区	9.4	8.8	8.3	8.2	89.5	53.9	54.4	350.3
西城区	15.5	14.8	14.5	14.0	93.3	60.1	51.5	368.9

续表

| | 占北京市比重 | | | | 名义增速 | | | |
	2005 年	2010 年	2015 年	2020 年	2005~2010 年	2010~2015 年	2015~2020 年	2005~2020 年
"一核"	24.9	23.6	22.8	22.2	91.8	57.8	52.6	361.9
朝阳区	19.5	20.5	21.0	19.5	113.1	66.8	45.9	418.6
丰台区	5.5	5.3	5.2	5.1	93.5	60.9	54.1	379.8
石景山区	3.0	2.1	1.9	2.4	42.9	46.8	92.7	304.1
海淀区	20.7	20.8	21.4	23.6	103.2	67.8	72.8	489.1
"一主"	73.7	72.3	72.3	72.8	98.8	63.1	57.8	411.6
"一副"	2.1	2.5	2.7	3.1	140.1	74.5	79.5	652.2
房山区	3.0	2.7	2.5	2.4	77.6	51.1	54.7	315.0
顺义区	3.8	6.2	6.4	5.2	235.5	67.3	27.5	615.7
昌平区	2.9	2.9	3.0	3.2	106.9	67.3	64.8	470.7
大兴区	2.3	2.3	2.3	2.6	102.8	66.3	75.7	492.4
"多点"	11.9	14.1	14.2	13.4	139.2	64.1	48.0	481.0
门头沟区	0.7	0.6	0.6	0.7	87.3	67.8	70.8	437.0
怀柔区	1.2	1.1	1.0	1.1	78.2	59.8	64.8	369.4
平谷区	0.8	0.8	0.9	0.8	106.1	69.4	41.1	392.4
密云区	1.1	1.0	1.0	0.9	79.6	62.9	45.6	326.1
延庆区	0.6	0.5	0.5	0.5	68.6	62.7	74.9	379.7
"一区"	4.4	4.0	4.1	4.1	83.9	64.2	57.0	374.1

表 2-10 北京各区固定资产投资总额及比重   单位：亿元，%

| | 2005 年 | | 2010 年 | | 2015 年 | | 2019 年 | |
	总量	比重	总量	比重	总量	比重	总量	比重
北京市	2827.2	100.0	5493.5	100.0	7990.9	100.0	7872.4	100.0
东城区	242.2	8.6	180.7	3.3	235.2	2.9	262.8	3.3
西城区	280.2	9.9	181.7	3.3	246.0	3.1	188.8	2.4
"一核"	522.4	18.5	362.4	6.6	481.2	6.0	581.5	7.4
朝阳区	729.5	25.8	1230.7	22.4	1238.7	15.5	1146.1	14.6
丰台区	232.2	8.2	504.6	9.2	862.3	10.8	704.5	8.9
石景山区	76.5	2.7	154.5	2.8	201.3	2.5	290.6	3.7

续表

	2005 年		2010 年		2015 年		2019 年	
	总量	比重	总量	比重	总量	比重	总量	比重
海淀区	428.3	15.2	567.0	10.3	870.5	10.9	966.4	12.3
"一主"	1989.0	70.4	2819.3	51.3	3653.9	45.7	4197.7	53.3
"一副"	112.3	4.0	364.7	6.6	800.8	10.0	952.5	12.1
房山区	127.0	4.5	403.8	7.4	532.3	6.7	413.2	5.2
顺义区	133.8	4.7	413.7	7.5	465.2	5.8	473.0	6.0
昌平区	120.5	4.3	374.4	6.8	581.1	7.3	465.8	5.9
大兴区	87.1	3.1	422.7	7.7	811.3	10.2	878.7	11.2
"多点"	468.4	16.6	1614.7	29.4	2389.9	29.9	2429.2	30.9
门头沟区	22.8	0.8	94.8	1.7	292.1	3.7	135.1	1.7
怀柔区	54.9	1.9	103.6	1.9	130.9	1.6	173.1	2.2
平谷区	33.5	1.2	82.4	1.5	146.9	1.8	127.7	1.6
密云区	44.8	1.6	121.7	2.2	107.5	1.3	132.6	1.7
延庆区	16.7	0.6	55.7	1.0	71.2	0.9	292.8	3.7
"一区"	172.8	6.1	458.2	8.3	748.7	9.4	908.2	11.5

注：2019 年为 2017 年不变价。

（二）高端产业功能区对北京市经济支撑作用强，高端功能区与两区等政策合力亟待加强

2018 年，中关村国家自主创新示范区、北京经济技术开发区、北京商务中心区、金融街、奥林匹克中心区、首都机场临空经济示范区高端产业功能区，共有第二产业和第三产业法人单位 97613 个，比 2013 年末增长 54.2%；资产总计 1029099 亿元，比 2013 年末增长 81.0%；全年实现营业收入 87367.1 亿元。2018 年，高端产业功能区以北京市 9.9% 的法人单位，创造了北京市 47.7% 的营业收入，对北京市经济发展的支撑作用显著。

以中关村为例，对北京、对全国的创新引领作用都非常明显。2019 年，中关村高新技术企业总收入达 6.6 万亿元，增加值 1.04 万亿元，占北京地区生产总值的 29.4%，新经济增加值在北京市占比达 36.1%，对北京市经济发展的引领支撑作用进一步增强。创新引领作用不断增强，30 年来，中关村始终以创新作为引领发展的第一动力，2019年，中关村专利申请量、授权数分别占北京市的51%、46%（见图2-7）；形成了新一代信息技术、生物与健康、智能制造和新材料、新能源与节能环保、现代交通、新兴服务业六大新兴产业集群，其中新一代信息技术产业持续引领，规模超过2.3万亿元，大数据、信息安全北京市场占有率位居国内第一，集成电路设计收入占全国的1/3，生物医药与大健康产业利润率在全国主要医药发达省市中连续多年排名第一。

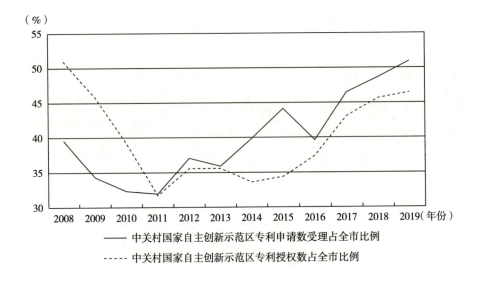

图 2-7　中关村国家资助创新示范区专利情况

但重大功能区与新城融合发展的力度不够，新城产与城发展相对独立，怀柔科学城、未来科学城等重大功能区仍然存在相对封闭、与新城融合不够等问题，产城、港城、校城、"科学+城互动"融合机制还需要进一步统筹和探索。

（三）城乡区域经济发展不平衡问题依然存在

目前，北京城乡区域间发展不平衡、不充分问题依然存在。

一是南北发展不均衡。平原多点地区功能承载力和人口吸引力仍然不足，地区生产总值南部区域（丰台、大兴、房山）、北部区域（海淀、朝阳、昌平、顺义）占全市比重分别为14.4%、49.5%，北部区域是南部区域的3.4倍；轨道交通站点数南部区域、北部区域占全市的比重分别为18.3%、61.4%，北部区域是南部区域的3.4倍。解决这些问题不能仅看成是缩小南北差距，城乡差距也不是简单重复北部地区的发展路子，而是要激发南部地区的巨大潜力，拓展未来首都发展的新空间。要持续实施好南部地区发展行动计划，补齐公共服务和基础设施短板，提高综合承载能力，打造新的增长极。

二是城乡发展不平衡。北京是典型的"大城市小农业""大京郊小城市"①，我们的农业、农村地区更关注生态效应、富民效应、保障功能。近年来，我们先后出台了乡村振兴相关战略规划、工作方案、政策措施等，农村地区获得了长足的发展，并具有鲜明的北京特色。但农村居民增收的途径还是不多，京郊资源还没有充分挖掘，农村基础设施和公共服务配套还有很多欠账，农村生活污水处理率仅达60%以上，全村卫生室中执业（助理）医师和注册护士不足全市社区卫生服务中心医护人员总量的4%和1%，需要通过体制机制创新和政策引导，加快发展都市型现代农业，让城市优质资源顺畅流入农村，促进乡村振兴与发展。

第四节　实现首都经济现代化的有效路径

紧紧围绕"四个中心"功能定位，着眼北京国际科技创新中心建设、全球数字经济标杆城市、国际消费中心城市等目标，统筹国内、国际两个大局，既着眼长远进行战略谋划，又立足当前解决现实困境，补短板、锻长板、优结构、育环境，推动首都经济现代化各项目标如期顺利实现。

一、"补短板"，持续提高制造业核心竞争力，支撑首都实体经济高质量发展

加快发展"北京智造"既是国家要求，也是北京稳增长、调结构、实现经济高质量发展的历史要求。

（一）持续推进高精尖重点项目落地

要弥补目前工业短板，需要付出超常规的努力，即大规模增量投资与高强度存量改造挖潜，两手强抓并举。

一是要有大规模投资、大项目持续推进。考虑到工业规模项目的选址、论证、建设、达产周期长，工业短板的弥补需要有持续的大规模投资和项目支撑。

---

① 郊区面积较大，但城市功能仍然较弱。

比如"十四五"期间，能否实现制造业增加值比重回升至13%左右，力争达到15%左右的目标，取决于"十四五"时期的前三年能否有超常规的工业投资支撑。建议围绕新一代信息技术、医药健康、新能源智能网联汽车、未来产业等重点领域龙头企业或产业链关键环节，下决心支持有市场需求的制造业投资，引进优质大项目，同时完善土地、资金、市场准入等一揽子配套政策。

二是要提高制造业增加值率，推进制造业提质增效。北京市制造业产业链条短、深加工不够、增加值率偏低，低于同期的深圳、上海，远低于美国，也低于历史上的自己。延伸制造业链条，加强优势行业补链、延链、强链，大力发展智能制造，与生产性服务业融合发展，提升制造业增加值率，扩大增加值规模，可以在保持制造业总产值不变的情况下提高制造业占比。若北京市工业增加值率提高到同期深圳、上海25%~27%的水平，即提高增加值率3~5个百分点，则将提高工业增加值600亿~1000亿元，从而提高工业占GDP比重2~3个百分点。

（二）持续提高制造业核心竞争力，推动高质量发展

一是推进平原新城"腾笼换鸟"，利用腾退工业用地布局高端制造。结合平原新城自身功能定位、产业基础和资源禀赋，差异化对接中心城区优质企业资源，盘活利用好现有腾退土地，适当增加工业用地供给，通过产业转移、分工协作等形式，在平原新城之间形成产业共同体，提升产业链、供应链现代化水平。

二是推动先进制造与现代服务融合发展，提高制造业效益。积极争取国家技术改造资金支持北京市技术改造项目，加大市级产业资金对技术改造的专项支持力度，顺应制造业服务化和产业数字化趋势，持续推动存量优势企业向数字化、智能化、绿色化方向升级。推动互联网、大数据、人工智能等新一代信息技术与制造业深度融合发展，依托国家工业互联网创新发展战略，着力突破工业机理模型、算法、信息物理系统等关键技术和核心产品。

三是加强京津冀产业对接协作，推动产业链、供应链融合发展。支持雄安新区与北京错位发展、协同发展，促进城市副中心与廊坊北三县联动发展。继续加强产业园区共建，持续推动北京（曹妃甸）现代产业发展试验区、北京·滦南大健康产业园、北京·张北云计算产业基地等园区建设，构建布局合理、梯次发展的产业链。

四是进一步扩大产业交流合作。利用行业协会、国际活动等平台，推动企业参与"一带一路"建设，为企业"走出去"提供服务，同时也加快推进一批海外新兴技术项目在京落地。

二、"锻长板",持续提升科技、金融、专业服务等优势产业对全球资源要素的配置作用,培育一批具有国际影响力的企业

自进入 21 世纪以来,我国在全球价值链分工中的地位显著提升,但我国企业对全球资源要素掌控能力仍然偏弱。根据联合国报告,我国在全球价值链参与度上处于"先进制造业和服务业"层级,与欧美以"创新活动"参与全球价值链的地位依旧有距离。北京作为首都有责任也有义务、有基础也有能力在大变局中汇聚力量、激发效能,切实增强我国在国际分工体系中对核心资源要素的掌控力,为畅通国际循环、培育国际竞争新优势贡献自身力量。

(一)瞄准全球科技创新发展前沿,培育一批具有国际影响力的科技龙头骨干企业

《2021 全球创新百强》北京市仅有 1 家企业入榜,与欧美国家还有较大差距[①]。依托核心技术攻关的新型举国体制,抢抓新一轮科技革命和产业变革机遇,面向世界科技前沿、经济主战场、国家重大需求、人民生命健康,集聚和培育国家战略科技力量,办好国家实验室、推进"三城一区"融合发展、深化科技体制改革、强化企业创新主体地位,打造一批具有国际影响力、拥有核心技术的科技龙头骨干企业。

(二)对标国际一流,培育一批数字经济标杆企业

北京数字经济企业资源丰富,创新性、先锋性突出[②],但总体来看,北京尚未拥有全球顶尖的数字经济企业[③],国内规模化数字应用场景优势尚未转化为全球竞争技术优势。引导数字经济企业提升专利技术创新能力,推动数字经济企业前后延伸业务链条,形成若干市值高、技术强的跨国企业,增强国产技术标准话语权。引导消费型平台型企业从市场应用领域向核心底层技术创新延伸。加大开放创新应用场景,孕育一批成长性高的科创型平台企业。突破基础软件和工业软件关键技术,打造工业互联网平台。

---

① 美国有 42 家,日本有 29 家,中国有 9 家,其中北京有 1 家,韩国有 5 家,法国、德国、瑞士各有 3 家,荷兰有 2 家,加拿大、芬兰、瑞典、英国各有 1 家。

② 全球 586 家独角兽企业中,北京占据 93 家,数量全球第一,是"全球独角兽第一城"。人工智能、区块链企业集聚度高居全球城市前列,企业数量居全国首位。其中,人工智能企业约 1500 家,占全国人工智能企业数的 28%;区块链企业 175 家,占全国的比重近 60%。

③ 从市值规模来看,在近 5 年稳居全球前七的互联网公司中,北京无 1 家(中国共占 2 席,分别为杭州阿里巴巴、深圳腾讯)。

（三）着眼全球领先提高对全球资源和要素的掌控力，培育一批生产性服务业企业品牌

生产性服务业是引领产业向价值链高端攀升的关键环节和根本途径，也是全球产业竞争的战略制高点。虽然北京金融、信息、科技、商务等生产性服务业保持先发优势并辐射全国，但在服务我国参与国际竞争合作、处理国际事务中的话语权较弱①。

要着眼提高对全球资源和要素的掌控力，通过深化改革、打造集聚区、组建产业联盟、改善营商环境、配套支持政策等一系列举措，培育一批全球知名服务业品牌，积极参与国际贸易规则制定和全球治理。发挥人才、信息、市场等资源要素优势，一方面，积极争取各类跨国公司总部、国际组织和国际智库及其会计、广告、法律、管理咨询和金融等生产性服务业进一步向北京集聚；另一方面，对标德勤、维萨、普华永道、毕马威、麦肯锡等世界知名服务品牌，花大力气培育一批北京服务品牌，推动生产性服务业向专业化和价值链高端延伸。

（四）着眼供应链安全性、稳定性，培育一批具有国际竞争力的供应链企业

北京市物流企业、供应链企业与国际顶尖水平仍然存在较大差距②，全球供应链 Top25 仅 1 家北京市企业入围③，全球物流品牌 Top25 仅 1 家北京市企业入围④。

对标思科⑤等全球供应链顶尖企业，完善从研发设计、生产制造到售后服务的全链条供应链体系，拓展质量管理、追溯服务、金融服务、研发设计等功能。

建设一批服务型制造公共服务平台，鼓励相关企业向供应链上游拓展协同研发、众包设计、解决方案等专业服务，向供应链下游延伸远程诊断、维护检修、

---

① 2021 全球商业服务品牌价值 Top100 中北京仅京东方 1 家企业入围，与欧美国家存在非常大的差距（Top20 中美国 14 家，英国、荷兰各 2 家，法国、比利时各 1 家）。

② 以顺丰为例，2020 年营业收入排第 4 位但品牌价值仅排第 9 位，多元化、国际化距离 Ups、Fedex 等全球顶尖跨国物流企业仍有较大差距；顺丰国际业务占比仅 3.8%，远低于 UPS 的 20%。以阿里巴巴为例，尽管在国内市场处于体量领先地位，但在国际市场上，与亚马逊仍有较大距离，2019 年阿里巴巴跨境及全球零售收入占比为 5%，而亚马逊国际站销售占比 31%（除北美以外全球市场）。

③ 北京仅联想入围（全国 2 家，阿里巴巴、联想），而美国有 16 家企业入围。

④ 北京仅中国邮政入围（全国入围 4 家，顺丰、中国邮政、钢铁、韵达），而美国入围 9 家。

⑤ 作为面向未来的智能 IT 解决方案，思科 Meraki 紧跟全球数字化趋势，提供简捷、安全和智能的解决方案，近几年始终活跃在帮助制造型企业实现智能化转型的舞台上。通过 Meraki 的 SaaS 云网络管理平台，用户不仅能组建定制化的无线网络环境，并且通过基于浏览器的控制面板就能完成对整个系统的管理。Meraki SaaS 云网络管理平台是 Meraki 产品组合的云网络基础，其解决方案包括无线接入点（MR），交换机（MS），含安全功能的路由器（MX）和 SD-WAN 以及最新 IoT 产品传感器（MT）。

仓储物流、技术培训、融资租赁、消费信贷、商检报关等增值服务，提升制造产业价值链。

三、"优结构"，着眼城乡区域统筹协调发展，不断优化经济空间格局

"百年未有之大变局"既是挑战也是机遇，要想在激烈的竞争中抓住这一机遇，必须顺应全球产业演化的基本趋势，聚焦"三城一区""两区"等重点承载空间，不断优化经济空间结构，提升资源要素的全球影响力。

（一）高质量建设"三城一区""两区"等重点承载空间

一是顺应全球科技演化趋势，紧紧抓住具有引领作用和管控作用的，能够吸引高端要素、实现高附加值、带来高收益的核心环节和高端环节。创新引领型产业强化基础前沿和核心技术攻关，前瞻谋划和争取国家重大科技项目及工程在北京落地；技术引领型产业加强核心技术突破和产业化高端环节落地，面向产业发展需求开展中试熟化与产业化开发需求，强化政策和资金引导，促进高精尖产业成果转化；强化体制机制创新，构建以企业为主体，研究机构参与的创新联合体。

二是以产带城，以城促产，有效提升产城、"科学+城"的融合发展水平。通过搭建科技产业链合作机制，推动中关村示范区"一区多园"统筹协同发展，推动中关村科学城、昌平的未来科学城、怀柔科学城和经济技术开发区之间的分工与合作，加强分类指导和服务，实现园区差异化、特色化、链条化发展，做强、做大、拉长全市科技创新产业链。统筹各区特别是平原新城产业基础和空间资源，建立与"三城一区"的对接转化机制，培育形成中试、工程化转化、试验验证、规模化生产等转化链条。

（二）高标准打造"双枢纽"航空新城，促进港城融合

一是全力打造国际航空枢纽。完善首都机场功能，高标准建设北京大兴国际机场，进一步巩固和提高北京国际性流通网络枢纽功能，积极助推分工合作、优势互补、空铁联运、协同发展的"双枢纽"机场格局。大力发展洲际航线，持续优化中转流程，缩短最小中转衔接时间，进一步提升中转效率，营造更为宽松的通关环境，提升机场的国际中转竞争力。

二是高标准建设临空经济区，促进港产城融合发展，打造航空新城。加快提升北京首都机场临空经济示范区的城市功能，升级改造基础设施，巩固支柱产业，提高首都机场临空经济区的区域竞争力。充分发挥后发优势和京津冀地缘优

势，高标准规划建设北京大兴机场临空经济示范区，高起点配套各项服务功能，按照临空性、国际化、价值链高端环节等条件严格遴选入区企业，优化功能业态，创新开发运营模式，促进港产城融合。

（三）高水平培育经济发展带，强化产业分工和上下游联动

实践证明，轴向发展规划既保证了与中心城的紧密联系，同时也把建设投资有效聚焦在轴线上的重要新城和重大项目上，能在较短时间内形成规模，吸引人口和产业集聚，并带动周围地区发展。

一是要重视京津、京保石、京唐秦等区域性廊道对经济要素的引导，强化产业合理分工和上下游联动机制，打造经济发展带，优化经济空间。

二是要进一步贯通市内新城、重点园区、组团之间的联系，在海淀山后—昌平—怀柔—密云北部、房山—大兴—亦庄—通州南部等基础条件具备的地区，创新科技园区、高等学校、科研院所、企业多元化合作机制，延伸创新链、产业链和园区链，培育创新发展带。

四、"育环境"，着眼国际化、法制化、便利化要求，加快打造国际一流营商环境

近几年，北京市持续不断深化放管服等改革，在营商环境改善方面取得了显著进步。新形势下，要实现国内、国际双循环互相促进，营商环境的国际化、法制化、便利化需求更为迫切。

（一）提升营商环境国际化、法制化、便利化水平

在准入前国民待遇、负面清单管理、知识产权保护、生态环境保护、劳工权益、竞争中性、服务业开放、数字贸易等方面与国际接轨。将营商环境的具体要求上升为法律、转化为可问责的制度规则，加强企业合规体系建设和合规文化的培育，强化本土企业的全球竞争力。着眼企业体验巩固营商环境改革成果，为企业营造良好的生态，最大限度地为各类要素跨境自由流动提供便利，实现成本最小化。

（二）量身定制配套一批支持政策

提高政策的精准度和针对性，紧盯企业的迫切需求、前瞻性需求，对标国际、国内一流城市，根据形势变化，研究出台政策举措，持续提升营商政策环境。出台相关政策鼓励央企和国企在境外投资等活动中更多地采用本土企业所提供的金融、咨询、会计、法律等服务，推荐优秀专业人才为重大涉外工程、重要

国际活动提供专业服务。优化人才扶持政策，对于工业设计、人工智能、生物医药等目前尚未设置专门职称评定的行业领域的高端人才探索推动出台政策，研究相关职称等级待遇。以促创新、强服务为出发点，完善生产性服务业税收政策。在现有研发费用加计扣除"负面清单"的基础上，针对信息服务业、科技服务业等设置加强优惠的"正面清单"，给予更高的加计扣除比例，可考虑将制造业研发费用加计扣除100%政策向技术含量高、品牌价值高的服务业延伸。

（三）强化合规管理，提升合规竞争力

强化合规管理已经成为企业制定和实施全球发展战略的一个决定性因素，且合规管理涉及的内容不断拓展，已经从反腐败专项合规扩展到包括竞争规则合规（反垄断）、金融规则合规（反洗钱）、贸易规则合规（遵守出口管制以及经济制裁之规）、数据保护合规、知识产权合规等全面合规。自中美贸易摩擦以来，美国等发达国家加强了对我国企业的合规监管，已经有400余家中国企业被列入美国商务部产业安全局实体清单和财政部的SDN名单，合规已经成为我国参与全球竞争必须跨越的门槛。要强化服务业合规化建设，更好地规范服务业发展，配套出台一系列规则体系，划定发展底线，尽快完善法律法规、管理规范、行政条例、考核体系和产业统计体系等，进一步强化对垄断的制裁、对数据安全的保护、对平台经济的规范等，营造更加公平有序的市场环境。

课题指导：徐逸智　刘秀如

执　笔　人：刘作丽　李金亚　孟香君　王术华　常　艳

第三章　首都治理体系和治理能力现代化指标体系构建研究

第一节　治理体系和治理能力现代化是首都全面现代化的集中体现

党的十八届三中全会将"推进国家治理体系和治理能力现代化"与"完善和发展中国特色社会主义制度"一同作为全面深化改革的总目标，党的十九大再次明确了这一总目标。党的十九届四中全会通过了《中共中央关于坚持和完善中国特色社会主义制度推进国家治理体系和治理能力现代化若干重大问题的决定》（以下简称《决定》），对新时代坚持和完善中国特色社会主义制度、推进国家治理体系和治理能力现代化作出顶层设计和全面部署。

一、西方政治语境：政治现代化

在西方政治语境中，政治现代化就是一种从传统政治走向现代政治的社会变迁过程[①]。这一过程从人民视域来说，就是政治参与的不断扩大和政治民主化程

[①]　美国政治学家亨廷顿认为，政治现代化包含权威的理性化、结构的分化以及政治参与的扩大。以色列社会学家艾森斯塔特认为，政治现代化表现为政治机构的权力强化以及广大阶层对政治的广泛参与、支持和民主化。美国学者布莱克则认为，政治现代化就是用一种合法制度来代替个人独断，全体公民在一定程度上参与选择政治领袖和政策，并且个人选择权可以通过有效的公民参政权得到保障。简而言之，可以概括为资本主义民主和法治。

度的提高；从政府角度来看，就是政府服务体系的增强和国家治理能力的提升。基本内容概而言之，就是资本主义民主①和法治。在西方政治语境中的政治现代化主要包括欧美型、德日型、北欧中欧型和东亚型四种类型。

二、中国政治语境：治理体系和治理能力现代化是首都全面现代化的集中体现

在中国政治语境中，治理体系和治理能力现代化是首都全面现代化的集中体现。习近平总书记在党的十八届三中全会第二次全体会议上指出，国家治理体系是在党领导下管理国家的制度体系，包括经济、政治、文化、社会、生态文明和党的建设等各领域体制机制、法律法规安排，也就是一整套紧密相连、相互协调的国家制度；国家治理能力则是运用国家制度管理社会各方面事务的能力，包括改革发展稳定、内政外交国防、治党治国治军等各个方面。国家治理体系和治理能力现代化就是在中国共产党的领导下，不断完善国家的各项制度体系，提高制度的执行力和执行效果。《决定》明确提出，国家治理体系和治理能力现代化的内容，涵盖党的领导、社会主义民主政治、法治、行政、经济、文化、民生、社会治理、生态、军事、一国两制、外交和权力监督13个方面，可以概括为13个"坚持和完善"。

三、首都层面：贯彻落实中央要求与突出首都特色相结合

北京作为国家政治中心和国际交往中心，是国家治理理念和要求的践行者。首都治理是国家治理的一部分，要全面贯彻落实中央关于推进国家治理体系和治理能力现代化的各项要求；是更好发挥国家治理效能的服务者。首都治理的好坏成败，直接关系到中央党政军领导机关是否处于安全、高效的工作环境中，要积极构建更加有效的首都治理体系、切实提高治理能力，服务党和国家治理工作大局；是国家治理效能的地方引领者。首都是国家治理效能向国际社会展示的第一

---

① 中国与西方主要资本主义国家的民主实现形式不相同。西方资本主义国家的民主一般称为自由主义民主，即以个人为出发点，以权力制约为本位，重点关注如何保证个人自由不受国家权力侵犯。这种民主所提供的政治平等仅为法律意义上的平等（直接表现为选举权的平等），容易形成个人自由与公共利益的矛盾冲突。中国采取的民主模式是人民民主，人民代表大会制度是其主要实现形式。相较于西方代议机构，人民代表大会扩大了民主的程度和范围，避免某一特定利益团体掌控国家权力、谋求私利。经过民主选举的、具有广泛代表性的人大代表在人大各项活动和会议中代替选民履行职权、行使国家权力，实现了个人与集体的内在统一。

窗口，首都治理应成为全国各地方治理的标杆和模范，要坚持首善标准，维护国家治理效能的良好国际形象。

中共北京市第十二届委员会第十次全体会议通过《中共北京市委贯彻〈决定〉的实施意见》（以下简称《意见》）。《意见》对首都治理体系和治理能力现代化的阐释涵盖党的领导、社会主义民主政治、法治、行政、城乡区域协调发展、经济、科创中心建设、文化中心建设、国际交往中心建设、城市治理、社会治理、民生、生态和权力监督 14 个方面，可以概括为 8 个"坚持和完善"、4 个"完善"、1 个"坚持和强化"、1 个"健全"。首都既出于地方共性视角贯彻落实《决定》各项要求，包括坚持和完善党的领导制度体系、人民当家作主制度体系、中国特色社会主义法治体系、政府治理体系、党和国家监督体系等；也出于首都特性视角，推行有别于中央层面和其他地方的治理内容，立足迈向中华民族伟大复兴的大国首都新需要，结合首都实际，突出首都治理体系和治理能力现代化特色。一是优化提升首都功能的制度安排，落实首都城市战略定位，着力加强"四个中心"功能建设，提高"四个服务"水平。二是推动高质量发展的制度安排，完善构建"高精尖"经济结构、优化营商环境、促进京津冀区域协同发展、保护生态涵养区的相关制度机制。三是提高超大城市治理水平的制度安排，实施城市总体规划，形成具有首都特点的"平安北京""吹哨报到""接诉即办"等超大城市基层治理新格局。四是保障和改善民生的"七有""五性"等制度安排，满足人民群众多层次、多样化需求。

第二节　推进治理体系和治理能力现代化的国际经验启示

他山之石，可以攻玉。在推进治理体系和治理能力现代化的过程中，世界主要发达经济体积累了丰富的经验，为更好地实现首都治理体系和治理能力现代化提供有益启示。

一、不同国家构建治理体系的历程和方式不同，且具有长期性、反复性特征

英国、法国、美国、德国等西方发达国家在治理体系构建和定型过程中，既

采用了资产阶级改良、政治妥协和利益交换等温和方式，也采用了暴力革命、内战、殖民扩张甚至挑起世界大战等极端手段。英国、法国多次出现从封建专制到资产阶级专政，从寡头集权到民粹暴动，从王朝复辟到资本主义改良的现代政治动荡。美国治理体系先后经过独立战争、内战、新政等多轮改革动荡逐步确立并成熟。日本、德国在构建国家治理体系时"对内改良维新"和"对外殖民扩张"并举，甚至采取战争等极端手段。此外，许多发达国家现代治理模式的成熟定型一波三折。英国从 19 世纪放任自由治理框架过渡到 20 世纪上半叶凯恩斯国家主义，再从 20 世纪 80 年代新自由主义治理模式转型为 20 世纪末的"第三条道路"治理实践，前后长达 300 多年。美国则从国家独立到"南北战争"，从"进步主义时代"到罗斯福新政，从"二战"后确立超级大国地位再到 21 世纪改革创新，200 多年来一直在"危机—反危机"周期中对治理体系进行动态调整。

二、不存在"普世性"治理模式，不可简单照搬西方治理模式

美国、英国、德国、法国、日本等虽同属发达国家，但各自治理理念和政策实践存在较大差别。英国、美国国家治理更强调个人自由与市场竞争。德国、法国等欧洲国家则更注重政府责任与社会公正，强调政府公共服务职能。日本倡导"官民一体、举国协调"，具有"官僚主导型"特征。即便同属"盎格鲁—萨克逊文化"的英、美两国也有差别，英式治理的"国家主义"色彩更浓，而美式治理的自由主义和分权特征突出。可见，不存在"普世性"治理模式，许多发展中国家照搬西方治理模式，陷入"低效治理"甚至"无效治理"困境。

三、政府、市场、社会三大治理系统的匹配度决定治理的有效性

政府治理、市场治理和社会治理三者任何一方权力过大或过小，均会导致国家治理体系功能紊乱。美国在 19 世纪末曾突破传统治理框架，重新界定国家与社会、市场与政府之间的关系，推动了美国 20 世纪的飞速发展。进入 21 世纪后，美国金融资本势力急速扩张，市场和资本力量严重扭曲国家治理议程，加剧社会分化，使国家治理面临严峻挑战。拉美国家和东南亚国家一度迷信新自由主义，放纵市场力量，导致 20 世纪八九十年代遭受严重金融危机和社会动荡。这表明只有当政府治理、市场治理和社会治理三者相互匹配时，国家治理才能找到秩序与活力、效率与公平、权威性与自主性的最佳平衡点，否则会陷入政治失效、市场失灵和社会失范等困境。

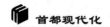

四、历史文化传承、核心价值体系以及国民性格，在治理中发挥着"凝神聚气"作用

从东方儒家威权到西方现代法治，从英式君主立宪到美式民主共和，从欧洲社会自治到非洲部族政治，多元治理模式背后的恒久支撑力往往来自各国历史文化传统、民族精神和核心价值。

五、推进治理现代化过程中要将独立探索与开放借鉴有机结合

一些发达国家在坚持独立探索治国之道的同时，努力融合"本土基因"和"外部元素"，构建出有本国特色、兼具众家之长的治理模式。美国建国后先是承袭英国治理框架，后又大量借鉴欧洲国家主义，实现政府干预、市场竞争和社会公正"三维平衡"，对完善本国治理体系、快速提升国力大有裨益。新加坡成功融合东西方文化，构建出既有精英主导又有民主参与，既有个人自由又有法治秩序，既有分权自治又有领导核心的现代威权治理体系，"人治"与"法治"相得益彰。

第三节 首都治理体系和治理能力现代化指标体系构建

一、指标体系构建

对北京来讲，推进首都治理体系和治理能力现代化就是不断完善经济、政治、文化、社会、生态等一系列制度，提升运用制度体系治理首都各方面事务的能力。本节以治理体系和治理能力现代化的内涵为基础，结合《意见》对首都治理体系和治理能力现代化内容的具体阐述，重点聚焦"治理体系"中的"政治治理"，提出首都治理体系和治理能力现代化指标体系构建的初步设想：政治治理下设人民民主、法治建设、党的建设和营商环境4个一级指标，其中人民民主以人大议案立案数量表征；法治建设从刑事和民事两个角度分别选取每万人刑事立案数量和民事诉讼调解率2个二级指标；党的建设从加强和削弱两个角度分别选取基层党组织数量和查处违反中央八项规定精神党员干部数 2 个指标；营商环境采用全球营商环境指数排名进行评价。如表 3-1 所示。

表 3-1　首都治理体系和治理能力现代化指标体系

一级维度	二级指标	现状	2035 年目标值
人民民主	人大议案立案数量	209 件（十五届人大，截至 2020 年底）	>300 件
法治建设	每万人刑事立案数量	63 起/万人（2020 年）	<55 起/万人
	民事诉讼调解率	20.1%（2020 年）	20%左右
党的建设	基层党组织数量	11.1 万个（截至 2021 年 6 月底）	16 万个
	查处违反中央八项规定精神党员干部数	529 人（2021 年前 10 个月）	<540 人
营商环境	全球营商环境指数排名	41（2019 年）	全球前 10 位

指标体系构建主要基于以下三方面的考虑：一是以习近平总书记关于治理体系和治理能力现代化的重要讲话精神为指引，紧紧围绕《决定》和《意见》的具体要求，细化首都治理体系和治理能力现代化的内容。二是指标设置的一级指标来自《意见》中与"政治治理"紧密相关的内容，二级指标兼顾"共性"及"特性"。6 个二级指标中，既包括"人大议案立案数量""每万人刑事立案数量"等央地或地方"共性"指标，也包括具有首都特色的"全球营商环境指数排名"等"特性"指标。三是指标的属性以定量指标为主。

二、各指标现状及 2035 年目标值

（一）人民民主

人民代表大会制度是人民民主的主要实现形式，在保障议案质量和有效性的基础上，人大议案立案数量反映了人大对人民群众诉求的回应度，体现了首都治理的民主化。北京市人大议案立案数量从第八届人大[①]（1983~1988 年）的 55 件波动增长至第十五届人大（2018~2023 年）的 209 件（截至 2020 年底），按照每届人大平均 19%的立案数量增长率计算，至第十八届人大（2033~2038 年）议案立案数量约 313 件，初步设定 2035 年目标值为大于 300 件。

---

①　北京市人大常委会是经北京市七届三次人民代表大会选举成立的，故第一届至第七届人代会无议案数。

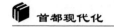

（二）法治建设

刑事案件对国家公共安全、群众生命财产安全危害较大，自党的十八大以来，北京市万人刑事立案数量整体呈下降趋势，从 2012 年的 70 起/万人下降至 2020 年的 63 起/万人，按照年均 1.3% 的降幅计算，至 2035 年可达 52 起/万人，初步设定 2035 年目标值为小于 55 起/万人；民事诉讼调解具有降低诉讼成本、维护社会和谐稳定等重要意义，但过分追求高调解率也易出现一些问题。出于当事人法律意识和维权意识增强、法院案多人少矛盾、民事案件复杂化趋势增强等因素，北京市民事诉讼调解率近年来整体呈下降趋势，从 2012 年的 23.4% 波动下降至 2020 年的 20.1%。综合考虑近年来北京市民事诉讼调解率变化趋势，初步设定 2035 年目标值维持在 20% 左右。

（三）党的建设

更多的基层党组织数量在一定程度上反映了更广的党组织覆盖面，更有利于加强党的建设。截至 2021 年 6 月底，北京市基层党组织共 11.1 万个，较 2010 年底增加 2.9 万个，年均增速约 2.7%，按此增速计算，2035 年北京市基层党组织约 16 万个；党员干部违反中央八项规定精神削弱了党的建设，北京市 2021 年前 10 个月共查处违反中央八项规定精神问题 515 起，处理党员干部 529 人。已公布数据显示，2016~2021 年，北京市年均处理违反中央八项规定精神问题党员干部约 540 人，初步以小于 540 人设定为 2035 年目标值。

（四）营商环境

根据科尔尼 2019 全球城市营商环境评价体系，北京排名全球第 41 位，全球营商环境排名越靠前意味着营商环境的国际认可度越高，初步设定 2035 年北京市跻身全球前 10 位。

第四节　推进首都治理体系和治理能力现代化的路径

推进首都治理现代化，既是国家治理体系和治理能力现代化的重要内容，也是首都率先基本实现社会主义现代化行稳致远的重要保障。聚焦人民民主、法治建设、党的领导和营商环境，多维度全链条高水平赋能首都治理体系和治理能力现代化。

一、厚植群众基础，坚持和完善人民代表大会制度

（一）加强人大代表同人民群众的密切联系

常委会立足接地气、察民情、聚民智，拓展线上渠道和丰富履职形式相结合，建好基层平台和充实活动内容相结合，引导和推动民意诉求反映上来、意见建议汇集起来、法规政策传播开来。人大代表用好"万名代表下基层"机制，采取书面寄发、网上调查、电话访问等方式广泛征求代表和群众意见。完善代表联系制度，加强基层代表履职平台建设，推进代表之家、代表联络站优化布局和延伸覆盖，办好"代表集中联系选民月""接待选民日"等活动。认真研究市人大议案建议，注重综合分析、分类办理、复查补办，通过典型案例加强对代表提出建议的引导。

（二）持续深化民主监督

始终把握依照法定职责、限于法定范围、遵守法定程序的原则，坚持正确监督、有效监督，增强监督刚性。强化法律监督，深入开展执法检查。深化工作监督，健全代表述职制度，完善代表履职监督。加强预算审查监督，紧扣预算审查监督"四问"，对审计查出问题整改情况开展专题询问。依法保障公民知情权、参与权、表达权、监督权，依靠人民的支持、倾听人民的意见和建议、接受人民的监督。

（三）强化市人大自身建设

人大及其常委会按照党中央关于人大工作的要求，贯彻落实党中央大政方针的决策部署，结合首都实际，助力经济社会发展和改革攻坚任务。完善论证、评估、评议、听证制度，健全适合国家权力机关特点、更好地体现民主集中制原则、充满活力的人大组织制度、选举制度和议事规则。提升人大代表履职能力，办好"小班制专题化"学习培训和"北京人大网上课堂"。健全代表履职档案，加强信息数据统计分析。

二、围绕立法执法司法守法，推进全链条法治建设

（一）彰显特色立法

围绕首都发展重点领域、新兴领域立法。加强涉及"两区"建设、优化营商环境、高质量发展、科技创新、建设现代化经济体系等方面立法。立足首都超大城市治理和高质量发展，推进"接诉即办"、数字经济、突发事件应对等立法。加强具有首都特色的生态文明制度建设、公共服务共建共治共享、优秀历史文化保护传承、京津冀协同发展等领域立法。积极探索"小切口"立法、精准立法，遵循立法技术规范，加强立法评估论证，健全立法项目责任制。

（二）加强严格执法

全面依法履行政府职能，推动权力清单同"三定"方案和政务服务事项有机衔接，深化权责清单制度。严格落实重大行政决策法定程序要求，建立健全法律顾问选聘、使用、考核、评价机制，深入做好行政规范性文件合法性审核工作和备案审查工作。围绕首都超大城市治理，持续推进执法重心下移、执法力量下沉，完善行政执法协调机制。分步推进落实街道（乡镇）综合执法改革，强化赋权清单管理。推进行政执法方式创新，推动实现北京市行政执法移动办案终端全覆盖。推动执法程序、文书档案、裁量标准统一，减少区域执法差异性，推动京津冀跨区域执法协作。

（三）建设公正司法

健全公安机关、检察机关、审判机关、司法行政机关各司其职，侦查权、检察权、审判权、执行权相互配合、相互制约的体制机制。深入推进政法领域全面深化改革，深化以审判为中心的刑事诉讼制度、认罪认罚从宽制度改革，推进民事诉讼程序繁简分流改革试点。全面落实司法责任制，构建权责一致的司法权运行新机制。健全工作机制，依法从严从快惩处妨碍突发事件应对的违法犯罪行为。完善落实诉调对接机制、"多元调解+速裁"机制。探索推进"移动微法院"建设。

（四）推进全民守法

深入宣传以《宪法》为核心的中国特色社会主义法律体系，推动社会普法工作。巩固扩大北京普法联盟，全面落实"谁执法谁普法"普法责任制。健全公众参与重大决策机制，畅通公众参与重大决策的渠道。引导企业履行法定义务和社会责任，为群众提供便捷高效的公共法律服务。推进市域治理创新，开展市域社会治理现代化试点。充分发挥人民调解的第一道防线作用，完善人民调解、行政调解、司法调解联动工作体系，全面开展律师调解工作。依法治理网络空间。

三、坚持党的领导、加强党的建设，提高各级党组织创造力、凝聚力、战斗力

（一）强化思想政治引领

牢记看北京首先从政治上看，教育引导广大党员干部提高政治站位，牢固树立"四个意识"，做到"两个维护"。深入学习中国特色社会主义理论体系，不断补足精神之"钙"，筑牢思想之"魂"，进一步增强"四个自信"。引导全体党员学思践悟、学做结合、知行合一。

（二）加强基层党组织建设

持续推进基层党组织建设是固本之举和长远之计，推动农村、社区、国企、高校、机关事业单位等领域基层党建工作。不断扩大非公有制经济组织和社会组织党组织覆盖。牢固树立党的一切工作到支部的鲜明导向，强化支部建设，推进支部生活标准化、制度化、常态化、长效化。完善基层党建工作规范，落实基层党建工作责任制，提升基层党组织整体功能。把政治标准放在发展党员首位，传承红色基因。

（三）纵深推进全面从严治党

落实全面从严治党主体责任，牢固树立抓好党建是最大政绩的理念，以上率下，层层压实责任，层层传导压力。加强和规范党内政治生活，着力增强党内政治生活政治性、时代性、原则性、战斗性，同一切破坏政治纪律、政治规矩的行为作斗争。推动作风建设常态化、长效化，加大对违反中央八项规定精神和市委实施意见行为的查处力度。坚定不移推进反腐败斗争，着力构建不敢腐、不能腐、不想腐的体制机制。坚持无禁区、全覆盖、零容忍，有案必查、有腐必惩，始终保持惩治腐败高压态势。

（四）加强党员干部队伍建设

坚持正确选人用人导向，选用忠诚干净担当、为民务实清廉、奋发有为、锐意改革、实绩突出的党员干部，努力锻造一支与实现"第二个百年"奋斗目标相适应、与首都功能相匹配的高素质干部队伍。严格执行干部选拔任用相关制度，坚决整治选人用人上的不正之风。加强教育培训和实践锻炼，提升干部专业素养和工作能力。完善干部考核评价体系，形成能者上、庸者下、劣者汰的正确导向。

四、聚焦优化四类环境，全面建成国际一流营商环境高地

（一）营造公平竞争市场环境

围绕市场主体全生命周期，强化知识产权全链条保护。持续放宽市场准入门槛，健全北京市场准入负面清单制度落实机制，完善以信用承诺为基础的商事登记制度。完善公平竞争制度，健全以公平竞争审查制度和反垄断执法为核心的市场运行维护机制，大力清除隐性壁垒。健全要素交易规则和服务体系，创新要素配置方式，畅通要素流动渠道，保障要素有效供给。深入推进社会信用体系建设，规范公共信用信息共享公开范围和程序，大力发展信用服务市场，筑牢社会信用体系根基。

（二）优化自由便利投资贸易环境

实行高水平投资自由化便利化政策，营造更具吸引力的国际投资环境。加强京津冀协同，构建陆海空"三位一体"的口岸监管体系，优化通关流程、提高通关效率、降低通关成本，构建更加开放、更有效率、更具活力的口岸环境。围绕扩大服务贸易规模、优化货物贸易结构，推进投资贸易自由化、便利化体制机制创新，打造开放、包容、透明、可预期的投资贸易环境。

（三）打造便捷高效政务服务环境

持续深化行政审批制度改革，加大简政放权力度，打造"分级管理、宽进快办、审管衔接"的审批服务模式。加快数字政务建设，深化以区块链等新一代信息技术为基础的数据共享和业务协同制度，加强数字技术与政务服务深度融合，提升全覆盖、全过程、全天候政务服务能级。提升政务服务效能，深化以标准化为基础的政务服务制度，提升政务服务便利化水平，拓展企业群众身边的政务服务。全面推进政务公开。

（四）完善开放包容人文环境

营造尊重企业家干事创业的文化氛围，坚持"亲而有度、清而有为"。健全规范化机制化政企沟通渠道，以12345企业服务热线为主平台，为企业提供"一口对外"服务。健全优化营商环境共建共治共享的治理模式，建立政商健康交往激励约束机制，健全容错纠错机制，健全保障企业安心发展机制。大力弘扬企业家精神，支持企业家创新发展，加强优秀企业家培育，开展优秀企业家宣传，提高企业家社会认同。

课题指导：徐逸智　王广宏
执　笔　人：刘沛罡

第四章　推进首都文化现代化
建设路径研究

文化兴则国家兴，文化强则民族强。党的十九届六中全会指出，文化自信是更基础、更广泛、更深厚的自信，是一个国家、一个民族发展中最基本、最深沉、最持久的力量，没有高度文化自信、没有文化兴盛就没有中华民族伟大复兴。在实现首都现代化的过程中，文化现代化具有更深刻的内涵，不仅在于随着经济、社会、城市现代化的过程中文化活动、思想水平、道德素养向更高层次、更高水平迈进，更在于不断深化中国特色社会主义的文化自觉、文化自信，为推动实现首都现代化注入强大的价值引导力、文化凝聚力、精神推动力。

第一节　首都文化现代化的理论基础及相关论述

文化的内涵极为丰富，从广义来看，文化包罗万象，可以指人类社会历史发展过程中所创造的物质财富和精神财富的总和。从狭义来看，文化包括思维方式、价值观念、生活习俗、行为规范、艺术文化、科学技术等内容，是立足于而又超越于客观物质世界的精神活动及其成果。本节主要着眼文化的狭义概念，通过历史经验、理论研究、政策目标等不同角度来剖析首都文化现代化的内涵。

一、文化现代化内涵：来自历史经验的解释

由于现代化属于相对性的时间概念，通过回顾世界和中国历史进程中的社会进步与文化变迁可以看出，文化现代化不仅作为一个民族、一个时代的独特标

识，构成了现代化的重要内容，也能够为引领时代进步提供最深沉的精神力量。

从世界近代史来看，自 18 世纪以来世界文化现代化的进程大致可以分为三个阶段①：第一阶段是以 14~17 世纪文艺复兴运动、17~18 世纪启蒙运动为代表的准备阶段，为推动思想解放、壮大新兴进步力量奠定了重要基础。第二阶段即第一次文化现代化进程，是从传统文化向现代文化、农业文化向工业文化的转型（1760~1970 年），主要呈现"理性化、世俗化、大众化、物质价值"的特点。第三阶段即第二次文化现代化进程，是从现代文化向后现代文化、工业文化向后工业文化的转型（1970~2100 年），主要呈现"多元化、网络化、产业化、生活质量"的特点。

从中国历史来看，从原始社会、奴隶社会、封建社会，到半殖民地半封建社会、新民主主义社会、社会主义社会等不同历史时期，文化进步与经济社会发展往往相辅相成（见表 4-1）。在经济社会活动相对简单的原始社会和奴隶社会，文化活动普遍较为简单。在封建社会，儒家思想因有利于维护封建统治地位而成为主流思想。在半殖民地半封建社会期间，封建文化遭受动摇，各种试图解救中国的新思想不断涌现。自新中国成立以来，我国实现由站起来、富起来到强起来的历史性转变，社会主义文化自信更加彰显，文化软实力不断提升。

表 4-1　不同历史时期文化活动与经济社会发展特点

历史时期	文化活动特点	经济社会主要特征
原始社会	信仰天地鬼神，文化活动简单	生产力低下，对自然认知有限
奴隶社会	文化活动内涵、形式更丰富，甲骨文等文字开始出现	生产力有所进步，农业、手工业逐步发展
封建社会	"大一统"理念和儒家思想影响深远，积累了科技、文学、艺术等丰富的文化成就	自给自足的小农经济和高度中央集权的封建君主专制制度
半殖民地半封建社会*	封建传统文化地位被动摇，洋务派、维新派、资产阶级革命派等新思想不断涌现，但仍被证明失败，新文化运动掀起了思想解放潮流，马克思主义的传播为夺取新民主主义革命胜利指明了方向	国际上西方工业文明、资本主义兴起，国内落后腐败的封建统治为西方列强入侵带来可乘之机，中华民族经历前所未有的苦难
新中国成立	提出"古为今用、洋为中用"的文化建设原则和"百花齐放、百家争鸣"方针，新中国文艺事业迎来高潮	国家百废待兴，党领导人民开启社会主义革命和建设，实现了从"一穷二白"到社会主义社会的伟大飞跃

---

① 中国现代化战略研究课题组. 中国现代化报告 2009：文化现代化研究 [M]. 北京：北京大学出版社，2009.

续表

历史时期	文化活动特点	经济社会主要特征
自改革开放以来	社会主义文化迎来繁荣发展期，百姓文化活动更为丰富，民族精神更加振奋，但拜金主义、享乐主义、极端个人主义等错误思潮同步涌现，群众文明素养与财富增长水平仍不够匹配	积极融入工业化、全球化浪潮，坚持以经济建设为中心，全面深化改革开放，国家经济实力大幅跃升，为社会主义文化繁荣创造了有利条件
自党的十八大以来	社会主义核心价值观深入人心，中华优秀传统文化得到广泛弘扬，文化软实力和中华文化影响力大幅提升。与此同时，各种敌对势力意图瓦解我国意识形态前沿阵地的手段更加尖锐激烈，文化安全任重道远	在以习近平同志为核心的党中央坚强领导下，国家经济实力、科技实力、综合国力跃上新台阶，我国经济迈上更高质量、更有效率、更加公平、更可持续、更为安全的发展之路

注：＊刘纯．"大变局"下中国近代文化的"觉醒"［J］．中国文化研究，2020（03）：75．

二、文化现代化内涵：来自学术理论的解释

近年来，国内外学者立足不同历史时期的文化变迁，提出了经典文化现代化理论、后现代化理论、广义文化现代化理论和其他理论等[①]，其中，经典文化现代化理论重点解释了工业革命时期的文化变迁，后现代化理论解释了信息革命时期的文化变迁，而广义文化现代化理论则对工业革命、信息革命等不同时期进行了综合分析。可以看出，文化与时代的经济特征、社会结构、制度模式等紧密相关，因而不同历史时期对于文化现代化的解释并不完全相同。

（一）经典文化现代化理论

诞生于20世纪五六十年代，是对18世纪工业革命以来现代化进程的理论阐述，其中不同学者关于文化现代化的解释较为分散、缺乏系统性。例如，德国社会学家韦伯提出了"文化决定论"，即认为新教伦理是现代经济的精神基础，是现代资本主义的根源。韦伯同时总结了文化现代化的特征，即"文化现代性"，指原先在宗教和形而上学世界观中所表现出来的本质理性，被分离成"科学、道德和艺术"三个领域。以色列学者艾森塔斯特归纳了现代化过程的文化特征，表现为"宗教、哲学、科学等主要文化及价值体系日益分化，识字和世俗教育普及，以及更为复杂的智力系统来培养和优化专业的智力角色"。

---

① 中国现代化战略研究课题组．中国现代化报告2009：文化现代化研究［M］．北京：北京大学出版社，2009．

（二）后现代化理论

诞生于 20 世纪七八十年代，用于解释发达国家由工业化转向非工业化、城市化转向非城市化等后工业社会的文化变迁现象。其中，美国学者殷格哈特提出后现代化的文化变迁包括后现代主义的兴起，不同于工业化时期"理性化、官僚化、世俗化"的物质主义价值观，后工业化时期更崇尚"个人自律和自我表达价值，人性化社会，思想重于金钱，言论自由"等后物质主义价值观。

（三）广义文化现代化理论

是对 18~21 世纪的文化现代化现象的一种理论解释，由中国现代化研究专家何传启提出。该理论认为，文化现代化是文化领域的现代化，也是现代化的一种表现形式，指文化变迁的世界前沿以及达到和保持世界前沿的行为和过程。具体包括从传统文化向现代文化、现代文化向后现代文化的两次转变、文化创造力和文化生活质量的提高、文化设施和文化产业的发展、人类自我解放和全面发展等。

（四）其他理论

多数学者一致认为文化现代化即向现代文化转型的变迁过程。例如，陈依元等提出，文化现代化是文化诸因素、门类的国际现代发展水平或最新、最高发展水平，是在继承、弘扬民族的、全人类的优秀传统文化的基础上创造、发展，不断向现代文化转型的特殊变迁过程[1]。叶南客和李惠芬提出，城市文化现代化是指与经济、社会、生态等并列的文化领域的现代化，是在继承与弘扬民族的、全人类的优秀传统文化的基础上改造、发展，不断向现代文化转型的特殊变迁过程。它以文化制度、文化观念的变迁为引导，以文明要素的创新和传播为基础，依靠知识、设施、环境、制度等要素驱动城市文化追赶、达到和保持国内乃至世界前沿地位的互动过程[2]。

三、文化现代化内涵：来自政策目标的解释

为进一步结合首都实际，深入理解文化现代化的内涵，对标北京市建设全国文化中心的战略目标，本节梳理了有关政策文件中的目标任务。根据《北京市推

---

① 陈依元，王益澄. 宁波文化现代化指标体系的制定及评价 [J]. 宁波大学学报（人文科学版），2001，14（04）：12-17.

② 叶南客，李惠芬. 城市文化现代化指标体系构建与发展水平实证评价——以南京为例 [J]. 金陵科技学院学报（社会科学版），2013（02）：1-6.

进全国文化中心建设中长期规划（2019 年–2035 年）》，关于 2035 年发展目标为"全面建成中国特色社会主义先进文化之都，全国文化中心功能更加系统完善，文化建设对首都经济社会发展的驱动力更加强劲，大国之都文化国际影响力显著提升，成为彰显文化自信与多元包容魅力的世界历史文化名城"。根据《北京市国民经济和社会发展第十四个五年规划和二〇三五年远景目标纲要》，关于 2035 年远景目标中涉及全国文化中心建设的内容为"历史文化名城保护体系健全完善，市民素质和社会文明程度达到新高度，文化软实力显著增强，成为彰显文化自信与多元包容魅力的世界文化名城"。

对此，本节认为，北京作为大国首都，实现首都文化现代化就是全国文化中心建设的现代化。从发展目标来看，既要作为大国首都坚决维护国家文化权益、保障国家文化安全，又要切实满足日益增长的人民精神文化需求、提高群众文化生活质量，还要不断强化首都文化创造力、文化竞争力、文化凝聚力、文化影响力等文化软实力，打造中国特色社会主义先进文化现代化首都。从具体内容来看，既包括文化资源、文化设施、文化产业、文化成果等"硬件"层面现代化，也包括文化生活、价值观念、思想知识、道德素养、文化管理等"软件"层面的现代化。

第二节　实现首都文化现代化的重要意义

一、文化现代化和首都现代化的关系

（一）文化现代化是实现现代化的重要内容

文化现代化与意识形态紧密关联，决定现代化的基本属性，即决定了"现代化是谁的现代化"。毛泽东同志在《新民主主义论》中提到，建立中华民族的新文化，这就是我们在文化领域中的目的。习近平总书记强调，一个民族的复兴需要强大的物质力量，也需要强大的精神力量。没有先进文化的积极引领，没有人民精神世界的极大丰富，没有民族精神力量的不断增强，一个国家、一个民族不可能屹立于世界民族之林。在推动实现全体人民共同富裕的过程中，人民群众也迎来更多样化、多层次、多方面的精神文化需求，精神生活富裕和物质生活富裕具有同等重要的意义。文化现代化与城市乃至国家形象紧密关联，是国家和城市软实力的重要体现。

（二）文化现代化是推动实现首都现代化的精神动力

文化作为一种精神力量，能够潜移默化地影响民众的价值观和行为，通过先进的价值观念、合理的制度安排、文明的行为方式为政治、经济和社会现代化提供精神动力和智力支持。从历史逻辑来看，社会进步和秩序重建往往伴随着思想觉醒与文明冲突①，即以思想解放为特征的文化现代化往往起步早于世界现代化，如文艺复兴、科学革命、启蒙运动的出现推动了工业革命等世界现代化的进程。从现实逻辑来看，习近平总书记鲜明提出，要推动中华文明创造性转化、创新性发展，激活其生命力，让中华文明同各国人民创造的多彩文明一道为人类提供正确精神指引。从这个角度来看，无论是中国现代化还是世界现代化，形态上体现在政治、经济、军事、科技等力量的现代化，本质在于中国文化、中国文明的现代化。

（三）文化现代化与其他领域现代化相辅相成、密不可分

第一，实现文化现代化与经济现代化紧密相关。生产力解放和经济发展能够为人民群众追求更高质量的文化活动奠定基础，即技术进步和社会经济的发展，能够导致政治和文化的变化。毛泽东同志指出，一定的文化（当作观念形态的文化）是一定社会的政治和经济的反映，又给予伟大影响和作用于一定社会的政治和经济。从世界历史进程来看，古罗马帝国、古代中国等文明古国的权力扩张也往往伴随着文化繁荣。一方面，实现文化现代化需要以实现经济现代化为基础。其原因不仅在于与经济活动密切相关的文化产业的发展，也在于经济实力的增长能够增强民众对本土文化的认同感和自豪感，并进一步通过经济活动、国际交往来广泛推行其价值观。可以说，文化自信往往植根于经济成就，即"经济基础决定上层建筑"，物质的成功能够带来文化的伸张，硬实力衍生出软实力。另一方面，文化现代化对实现经济现代化具有反哺作用。不仅在于文化可以作为促进经济发展的精神动力，也在于更高水平的教育、知识和经验等能够为促进经济发展提供要素和智力支撑。

第二，文化现代化是实现社会现代化、治理现代化、生态文明现代化、城市现代化的重要支撑。在城市和社会层面，文化具有极强的社会效益，产生于社

---

① 塞缪尔·亨廷顿. 文明的冲突与世界秩序的重建［M］. 周琪等，译. 北京：新华出版社，2009.

会、服务于社会，同时又引领社会进步。因此，文化现代化应以满足社会效益为基本前提，即构成了实现社会现代化的内容。在城市治理层面，只有通过广开言路、凝聚共识、民主治理，推动民众提高认识、主动参与、贡献智慧，城市治理水平才能更好提升，从这个角度来看，文化现代化与治理现代化具有必然的内在关联。在生态文明层面，生态文明作为一种绿色发展理念，体现在更加重视人与自然、人与社会、现实与未来等不同领域、层次的和谐可持续发展，能够通过塑造公民绿色意识、涵养绿色文化，引导绿色生产、绿色消费、绿色创新，支持生态文明现代化的发展。

第三，文化现代化的实现植根于人的现代化。文化来源于人的活动，代表一个民族所共同拥有的行为理念和价值体系，也可以说有人就有文化。一方面，个人的文化知识、精神境界、文明素养、道德水平、思想品格等水平提升，能够促进全社会精神文明水平向更高层次迈进，即构成了文化现代化的重要内容。另一方面，文化现代化的实现，如更丰富均衡的公共文化基础设施、更良好文明的文化交流环境，能够更多更好地满足人类对于社交、尊重和自我实现的高级需要，进而促进实现人的现代化。

第四，文化现代化的实现伴随着一定内在矛盾和冲突。文化现代化的实现应该遵循其内在规律，妥善处理好与经济现代化、社会现代化等领域的发展关系。美国学者斯奈德认为，现代文化的基本原则包括平等、个人自由和自我实现，现代文化一直在侵蚀传统文化，如生育率下降是文化现代化的基本结果，而文化现代化将导致政治不稳定、心理紧张和社会压力，个人思想观念将发生传统与现代化的冲突①。从这个角度来看，只有推动文化现代化的步调与政治、经济、社会等领域同频共振，才能推动现代化稳定健康发展。

二、首都文化现代化和国家文化现代化的关系

第一，首都文化现代化并非简单的城市文化现代化。北京蕴含着古都文化、红色文化、京味文化、创新文化等丰富的文化资源和文化内涵，但实现首都文化现代化并非仅指实现这四类文化的现代化发展，其原因在于北京与中国并不是简单的国家与城市的关系，实现首都文化现代化与其他城市文化现代化的重要区别，就在于"首都"二字。北京的行为就是中国对外交往的标尺，北京的形象

---

①　卢永妮. 文化现代化研究概念和方法的现状分析［J］. 日本学研究，2014（00）：343-347.

就是中国在全球的印象。面向国内，必须发挥北京作为首都的强大的文化凝聚力，凝聚全国各民族对社会主义文化的认同感，凝聚海内外全体中华儿女对中华民族的自豪感。

第二，首都文化现代化的核心在于社会主义核心价值观的弘扬传播。核心价值观是文化最深层的内核，决定着文化的性质和方向。对标"源远流长的古都文化、丰富厚重的红色文化、特色鲜明的京味文化、蓬勃兴起的创新文化"四个文化格局，首都文化现代化正是中华优秀传统文化、革命文化、社会主义先进文化在首都的具体体现和生动实践。北京承担"四个中心""四个服务"的重要功能，必须坚决扛起示范引领全国人民践行社会主义核心价值观的职责使命。只有坚持马克思主义在意识形态领域指导地位的根本制度，以社会主义核心价值观引领文化建设，不断巩固全党全军全国各族人民团结奋斗的思想文化基础，积极代表国家贡献中国精神、中国价值、中国力量，才能为首都现代化的实现筑牢最坚实的思想文化基础。

第三，首都文化现代化应当在全国扛起标杆性、旗帜性的示范引领作用。北京作为全国文化中心，具有荟萃和集中交流展示各地区、各民族文化的基本功能。从北京深厚的历史文化底蕴来看，北京拥有3000多年建城史、850多年建都史，承载着厚重的中华文化内涵和民族精神积淀，能够建立起与全国人民和海外侨胞的天然情感联系，具有凝聚人心、汇聚民力的强大力量。在全国实现文化现代化的进程中，首都必然要承担起率先实现文化现代化的使命，为全国各族人民及海内外亚太民族起到引领示范作用，推动源远流长的中国文化和社会主义核心价值观更加深入人心。

第三节　首都文化现代化的主要维度与指标设计

一、指标设计的经验借鉴

文化现代化内涵丰富，发生在不同层面、不同领域、不同维度，如文学、艺术、语言、宗教、制度、道德等作为文化现代化的重要内容，其概念较为抽象且难以量化，而文化产业、教育水平、科技创新等内容则相对具象、可定量评估。

《中国现代化报告 2020》中，何传启团队针对实现中国现代化的 100 个核心指标进行了分析，其中文化指标包括文化生活、科技与创新两个部分①（见表 4-2）。鉴于本章重点着眼文化的狭义概念，更多地关注科技创新在实现首都现代化过程中的经济效益，因而将科技创新纳入经济现代化指标体系，此处不予讨论。本章重点借鉴衡量大众文化水平的"人均年看电影次数、人均出国旅游次数"指标，纳入居民文化活动参与度综合指数，衡量居民文化生活综合水平。

表 4-2　何传启 2020 中国现代化指标体系——文化领域

领域	分类	指标
文化生活	大众文化	人均年看电影次数
		人均出国旅游次数
	网络文化	互联网普及率
科技与创新	科技	科研经费比例
		科研人员比例
		发明专利申请比例
		人均知识产权出口
		人均知识产权进口
	创新	企业创新比例

二、实现文化现代化的判断标准

何传启曾提出关于实现文化现代化的三个判断标准，"有利于生产力的解放和发展，又不破坏自然环境；有利于社会的公平和进步，又不妨害经济发展；有利于人类的自由解放和全面发展，又不损害社会和谐②"。借鉴这一思想，立足首都实际情况，本章认为，实现首都文化现代化需要满足四个标准，并有针对性地设计了文化安全、文化活力、文化软实力、文化素养四个方面共九个指标（见表 4-3）。

---

① 何传启 . 中国现代化报告 2020——世界现代化的度量衡［M］. 北京：北京大学出版社，2020.
② 中国科学院中国现代化研究中心 . 中国文化现代化的新探索［M］. 北京：科学出版社，2010.

表 4-3 关于实现首都文化现代化的指标体系

一级指标		二级指标	现状值	目标值
文化安全		历史文化遗产保护综合指数	8.032	19.625
		文化贸易出口占文化贸易总额比重（%）	40.37	55
文化活力		人均教育文化娱乐消费支出占比（%）	10.02	18.00
		居民文化活动参与度综合指数	6.213	8.909
文化软实力	文化影响力	世界媒体 100 强入榜企业	3	6（至少 1 家进入 Top10）
		文化交流活动中来访活动占比（%）	26.39	40
	文化产业竞争力	文化产业增加值占 GDP 比重（%）	2.10	4.50
		电子出版物出版数量（万盒/张）	19666.6	40000
文化素养		全球百强智库榜单（美国以外地区）入选数量	6	20（至少 2 家进入 Top10）

注：除世界媒体 100 强、百强智库榜单为 2020 年数值外，其余均为 2018 年统计情况。

一是文化高度安全的现代化。在全球化、信息化、网络化的浪潮中，文化的碰撞交融必将更为频繁活跃，若是缺乏有力有效的文化安全保障，现代化的进程必然根基不稳、缺少灵魂。文化安全建立在文化自觉、文化自信之上，源自博大精深的中华文化历史。对此，本章选取两方面指标来衡量首都文化安全水平，一是设计衡量历史文化遗产保护水平的"历史文化遗产保护综合指数"，二是文化贸易出口占文化贸易总额比重。

二是文化活力蓬勃释放的现代化。具体来看，就是切实满足人民群众公共文化与文化生活的需求，切实保障人民群众基本文化权益，这是实现文化现代化的基础条件。高质量的公共文化服务水平不仅直接关乎群众的获得感和幸福感，也关系到基本实现社会主义现代化的成色。对此，选取人均教育文化娱乐消费支出占比，同时设计"居民文化活动参与度综合指数"，用以衡量群众文化活力水平。

三是文化软实力大幅提升的现代化。这是实现文化现代化的核心，关键在于文化的竞争力和影响力。文化软实力就是文化的竞争力、吸引力、说服力、感召力、亲和力、凝聚力，北京作为大国首都，文化软实力水平直接关系"两个一百年"奋斗目标和中华民族伟大复兴中国梦的实现。对此，选取世界媒体 100 强入榜企业、文化交流活动中来访活动占比 2 个指标来衡量文化影响力水平，选取文化产业增加值占 GDP 比重、电子出版物出版数量来衡量文化产业竞争力水平。

四是道德素养与精神层次大幅提高的现代化。这是精神层面的文化现代化。文明素养代表了社会主义核心价值观的生命力、凝聚力、感召力，体现在公民内化的精神追求和外化的自觉行动，具有高度的民族性、时代性，能够为实现中华民族伟大复兴中国梦提供强大精神动力和文化支撑。由于文化素养相对难以量化，选取全球百强智库榜单（美国以外地区）入选数量来衡量其发展水平。

三、指标说明

（一）来自权威公开研究团队的指标

关于文化影响力部分的"世界媒体100强入榜企业"指标来源于世界媒体实验室编制的《世界媒体500强》排行榜，自2013年起已连续发布8届；关于文化素养部分的"全球百强智库榜单"来源于宾夕法尼亚大学"智库研究项目"（TTCSP）编写的全球智库评价报告，自2006年起已连续发布15期。

（二）来自综合设计的指标

一是关于文化安全部分的历史文化遗产保护指数（见表4-4），涉及4项细分指标，包括文物保护机构和文物业专业技术人才占比，北京地区国家级非物质文化遗产项目代表性传承人占全国比重，一级品、二级品、三级品文物藏品占总藏品比重等指标。其中，文物保护管理机构、文物业专业技术人才占比的全国平均水平分别为28%、32%，统筹考虑上海等省份现状，将目标值设定为30%、40%。二是关于文化活力部分的居民文化活动参与度指数（见表4-5），涉及5项细分指标，包括居民电影观影，出国旅游，参观博物馆、公共图书馆及群众文化机构文化活动等总体情况占北京市常住人口比重综合设计的指标，根据19600的目标值与2200万常住人口的估测值，指数目标值（19600/2200）拟安排为8.909。

表4-4 历史文化遗产保护综合指数设计 单位：%

细化指标	权重	现状值	目标值	上海
文物保护管理机构专技人才占比	25	7.40	30.00	78.13
文物业专技人才占比	25	18.97	40.00	55.36
国家级非物质文化遗产项目代表性传承人占全国比重	25	3.43	4.50	3.89
文物业一级品、二级品、三级品文物藏品占总藏品比重	25	2.32	4.00	4.89
加权平均值		8.032	19.625	35.56

资料来源：《中国文化和旅游统计年鉴2019》，其中上海市文物保护管理机构、文物业从业人员总数相对较少，专技人才比例仅作参考。

表 4-5 居民文化活动参与度综合指数设计

细分指标	权重 (%)	现状值 (万人次)	目标值 (万人次)	现值除以北京市 常住人口
电影观影人次	20	7645.3	10000	3.5490
出国旅游次数	20	484.5	600	0.2249
博物馆参观人次	20	2374.8	4000	1.1024
公共图书馆总流通人次	20	1903	3000	0.8834
群众文化机构文化活动观众人次	20	976.95	2000	0.4535
合计		13385	19600	6.2132

第四节 实现首都文化现代化的关键问题

一是西方强势文化渗透严重威胁首都意识形态安全。在百年未有之大变局深刻演进，特别是"东升西降"趋势不可阻挡的时代背景下，国际力量调整和世界秩序重塑必然伴随不同文明之间的剧烈冲撞。北京作为首都，面临来自西方文化、价值观念、思想意识等方面的"噪音""杂音"也必然会更加广泛，守好意识形态前沿阵地任重道远。

二是弘扬社会主义核心价值观、彰显中华民族优秀传统文化的影响力仍需提升。对标全国文化中心建设的"凝聚荟萃、辐射带动、创新引领、传播交流和服务保障"五大功能，北京丰厚的文化资源和文脉底蕴还没有得到充分开发利用，存在一定程度的传统文化与现代社会脱节。同时，缺少类似好莱坞电影、巴黎时尚、东京动漫、首尔娱乐等具有现代感的文化符号和文化载体，难以引起大多数现代青年的共鸣。高端智库的智力支撑水平仍需提升。2021 年 1 月，宾夕法尼亚大学发布《2020 年全球智库报告》，中国的智库数量已经由 2019 年的 507 家增至 2020 年的 1413 家，但总数仍低于美国（2203 家），其中入选全球百强的只有 1 家（全球化智库，第 64 名）。从美国智库机构分布来看，智库集聚程度与教育资源和政治、经济活动密切相关，智库数量过百的分别有马萨诸塞州（168 家）、华盛顿（148 家）、加利福尼亚州（153 家）、纽约（137 家）。北京汇集了全国最顶尖的教育、人才和学术资源，同时作为政治中心和总部经济集聚区，繁荣发展哲学社会科学事业具有诸多有利条件。在 2020 年智库榜单（美国以外地区）中，入榜的 8 家中国智库中有 6 家在北京①，需要加快首都新型高端智库建设，为推动实现首都现代化提供坚实的智力支撑。

三是公共文化服务与居民文化生活体验仍然较弱。相比于人民日益增长的公共文化需求，北京市公共文化设施整体仍然存在数量不足、分布不均、质量不高、人均占有率和居民参与度均较低等问题。公共文化设施人均拥有率相对不足。如公共图书馆数量方面，2019 年，北京人均拥有公共图书馆藏量为 1.40 册/人，低于上海 3.32 册/人；每万人拥有公共图书馆建筑面积为 138.6 平方米，低于上海 180.7 平方米（见表 4-6）。从文化消费来看，2019 年，北京市居民教育文化娱乐消费支出 4311 元/人，占消费支出比重为 10.02%，而同期上海居民教育文化娱乐消费支出为 5495 元/人，占比为 12.05%。从艺术演出来看，群众文化机构"数量多活动少"。2018 年，北京 414 个艺术表演团体机构合计演出场次为 2.55 万场次，而上海 254 个艺术表演团体机构合计演出 3.57 万场次。文艺活动对重点群体关怀不足。如 2018 年，上海各类群众文化机构合计组织文艺活动约 7.2 万次，其中为老年人、未成年人、残障人士、农民工组织的专场分别为 2215 次、516 次、59 次、215 次。同年，北京组织相关文艺活动约 4.5 万次，其中为老年人、未成年人、残障人士、农民工组织的专场分别仅为 186 次、193 次、43 次、28 次。

表 4-6　2019 年北京、上海公共文化服务设施对比

类型	指标	北京	上海
公共图书馆	总流通人次（万人次）	1903.0	3036.0
	阅览室座席数（万个）	1.6	2.3
	每万人建筑面积（平方米）	138.6	180.7
群众文化机构	总数（个）	350.0	239.0
	组织文艺活动次数（次）	44864.0	71659.0
	平均每机构组织文艺活动次数（次）	128.0	300.0
	文化服务惠及人次（万人次）	1371.4	2623.7

资料来源：《中国文化和旅游统计年鉴 2019》。

---

① 中国现代国际关系研究院、中国社会科学院、清华—卡内基全球政策中心、国务院发展研究中心、中国国际问题研究院、全球化智库、北京大学国际战略研究院、上海国际问题研究院。

四是历史文化遗产保护利用水平有待提升。文化保护相关政策法规体系不够健全、责任义务不够明确、各部门政策统筹性不够等问题突出，特别是很多历史文化保护区房屋产权制度、自然资源产权制度等受历史遗留问题影响，改革推进难度大。自然资源保护、生态修复、历史风貌保护与恢复等资金需求缺口较大，而社会资本进入渠道不够畅通，资金来源仍以政府财政投入为主。根据历史文化遗产保护综合指数，文物业、文物管理机构专业技术人才占比相对较低，北京市国家级非物质文化遗产项目代表性传承人占全国比重为3.43%，低于浙江6.39%、上海3.89%的水平。文旅资源挖掘利用程度不足，创收能力有限。北京A级景区总数超过上海2倍，但平均每个景区创收水平仅为上海的63.8%。2018年，北京7个5A级旅游景区合计旅游总收入为16.46亿元，平均每个景区实现旅游收入2.35亿元；上海仅3家5A级景区，但合计实现旅游收入为12.49亿元，平均每个景区实现旅游收入4.16亿元。2020年，北京文物艺术品拍卖占全国市场份额为74.5%，而纽约艺术品交易占全美市场的90%。

五是文化业态国际竞争力相对不足。对标建设中国特色社会主义先进文化之都的高标准、高要求，北京市文化产业发展仍有很大空间，对首都经济社会发展的驱动力需要进一步释放。2018年，北京市文化产业增加值占GDP比重为2.1%，而2019年，纽约、加利福尼亚州的该比重分别为7.0%、7.4%。从空间布局来看，目前北京市批准30个市级文化创意产业集聚区，近2/3的数量集中在城市中心区内，北京市61.6%的文化创意产业企业和64.1%的文化创意产业企业注册资本都集中于城市功能拓展区。从文创产品来看，2018年，北京文创产品种类1680个、销售收入2166万元，远低于上海（文创产品种类11851个、销售收入5600万元）。从产业融合来看，文化创新转换为产品和服务的效率较低，许多文化服务的产业链尚未完全成形，文化与文物、旅游、园林、科技、城建、休闲等关联产业的发展水平存在错位，在产品标准和知识产权保护等方面不够完善，制约了产业深度融合发展。

六是文化影响力仍需提升。北京博物馆资源丰富，为推动文化对外宣传展示提供了重要窗口，2018年，北京地区文物系统博物馆接纳境外观众80.49万人次，远高于上海（36.94万人次）。但从文化传播载体来看，首都文化作品内涵较为薄弱、文化表现形式同质化较为明显、文化传播方式和手段有待创新，国际高端文化资源的北京"金名片"还未打造完成。入境旅游作为城市文化传播与宣传的窗口，仍有很大发展空间，如2019年，北京接待入境游客376.9万人次，远低于上海的 897.23 万人次。

第五节 实现首都文化现代化的路径建议

立足建设伟大社会主义祖国的首都、迈向中华民族伟大复兴的大国首都和国际一流和谐宜居之都，立足"四个文化"基本格局，切实增强传承中华优秀传统文化、弘扬革命文化、繁荣社会主义先进文化的历史担当，努力成为社会主义先进文化的传播者、凝聚全球亚洲文明的集结者、推动人类文明发展的贡献者。

一、坚持社会主义核心价值观引领

一是坚决筑牢意识形态工作前沿阵地。强化基础理论研究，充分用好北京市习近平新时代中国特色社会主义思想研究机构等科研资源，深入研究挖掘其理论内涵以及在京华大地的生动实践，推出更多具有原创性、时代性的研究成果。积极规划建设一批马克思主义教学基地、国际马克思主义研究传播中心等，不断完善马克思主义理论学科体系，培养高水平理论研究骨干人才，推动在首都形成浓厚的马克思主义研究学术氛围。

二是大力倡导弘扬核心价值观。强化典型榜样引领，持续推出一批在全国有广泛影响力、覆盖各个群体的重大典型，推荐申请时代楷模、全国道德模范、最美奋斗者等榜样评选，通过公众号、短视频等多样化手段加强典型事迹宣传，营造学习先进、争做先进的浓厚氛围。加强诚信文化建设，完善公共信用信息服务平台，健全征信体系，扩大信用红黑名单发布范围，完善守信联合激励和失信联合惩戒制度，推动形成诚实守信的良好氛围。

三是引领中国特色社会主义文化走向世界。把对外宣介习近平新时代中国特色社会主义思想和中国特色社会主义文化作为首要任务，大力弘扬传播中华优秀传统文化精髓和当代中华文化创新成果，积极倡导构建人类命运共同体等重大倡议，向世界展示中国历史底蕴深厚、各民族多元一体、文化多样和谐的文明大国形象。积极用好国家级重要会议、重大纪念活动、重要国际会议、国际论坛等重大活动，展示首都文化新风貌和美丽中国新形象。紧抓首都新型高端智库建设，发挥北京各大科研院所、智库和媒体的学术优势，拓宽高端智库和国际组织交流渠道，不断提升首都智库研究水平与全球影响力，探索以学术推动"中国话语""中国智慧"的国际研究传播。

二、持续深入挖掘首都文化重要内涵

立足北京历史文化发展脉络，着眼新时代文化价值，将中华优秀传统文化与古都文化、红色文化、京味文化和创新文化有机融合，深入挖掘和诠释首都文化的当代价值，丰富中国理论和北京实践。

一是保护传承源远流长的古都文化。紧抓中轴线申遗机遇统筹推动老城整体保护，深入挖掘北京城建设历史和中轴线文化内涵，研究中国古代城市规划智慧的当代价值，切实保护老城风貌和城市肌理。梳理"三山五园"及周边地区历史发展脉络，推动部分恢复展现古镇、村落、御道、名人故居等重要历史节点风貌，提升景观综合品质。围绕长城文化带、大运河文化带和西山永定河文化带"三个文化带"，系统梳理自然文化资源和城市发展记忆，推动历史文脉和生态环境深度交融。

二是推动红色文化保护传承利用。深入挖掘重大纪念日、历史事件蕴含的红色文化价值，建立"历史上的今天"首都红色文化事件库。借鉴上海、安徽等地经验，推动出台红色资源保护和利用地方条例，强化法制化管理。系统整理房山、门头沟、平谷、昌平等地革命遗址遗迹，推进革命文物集中连片主题保护。建设一批北京红色文化展示、宣传、教育基地，推动与美丽乡村、文旅康养等融合发展，研究设计红色旅游线路、产品等，打造红色文化弘扬传承品牌。积极组织开展纪念庆祝活动和群众性主题教育活动，推动红色文化深入人心。

三是挖掘新时代京味文化内涵。传承具有北京特色的技艺、中医药、饮食、地名等文化元素，支持北京传统戏剧、曲艺表演艺术以及传统节庆民俗活动等发展。保护好雨燕等具有城市文化符号的生态文明景观，整理方志档案，留住城市记忆，提升城市品位。

四是加强历史文化资源保护管理。坚持系统观念，统筹规划修编、搬迁腾退、文物保护、基础设施、景观提升、环境整治等任务。建立健全北京地区历史遗产资源数据库平台，历史遗产信息化、数字化管理。统筹档案馆、博物馆、纪念馆、党史馆、美术馆、图书馆等机构加强对古都文化、红色文化、京味文化等资源收集、保管和宣传工作，利用微信公众号、短视频等平台，通过专题展览、公益讲座、媒体宣传、阅读推广等手段，加强文化资源对外公布展示。

三、切实推进公共文化高品质供给

始终将"为了人民"作为文化建设的根本宗旨，以人民群众的全面发展程度、文化需求满足程度、精神力量增强程度作为文化建设的根本评判尺度，不断深化公共文化服务供给侧结构性改革，积极打造公共文化服务体系示范区，切实满足人民群众多样化、多层次、多方面的精神文化需求。

一是优化公共服务设施布局。对标"一核一城三带两区"全国文化中心体系框架，加快建成布局合理、全覆盖的公共文化设施网络，打造具有国际影响力的新型文化空间。积极规划建设具有首都特色的标志性公共文化设施，聚焦城市副中心、城南、新首钢等重点区域合理谋划特色化文化设施，有序推进城市副中心三大建筑、北京市文化中心、北京人艺国际戏剧中心等项目建设，依托世园会园区、冬奥森林公园等重大活动载体不断拓展公共文化服务功能。持续优化图书馆、博物馆、文化馆、影剧院等公共文化设施布局，加快建设一批社区图书馆、文化站等，重点补齐"回天"等人口密集区域文化设施短板，构建"一刻钟文化服务圈"。

二是推动多元公共服务供给。围绕人群需求提供差异化公共文化供给，鼓励公共文化设施与公共服务大厅、公交站点、公园绿地、街角、商业综合体等设施及其公共空间相融合，打通公共文化服务"最后一公里"。推动中国戏曲文化周、北京国际马拉松、北京国际电影节、北京国际音乐节、北京国际旅游节等品牌文化活动走向社区。完善公共图书、文化活动、公益演出、公益放映等公共文化服务配送体系，拓展群众艺术体验空间。精心打造一批对标国际水准的文化艺术区、文化小镇、文创街区、文化景区等，形成具有国际影响力的新兴文化空间。

三是提升公共服务供给品质。支持公共文化设施数字化、智能化转型升级，推动建设一批数字图书馆、数字文化馆、数字博物馆等。紧抓冬奥机遇，完善冬奥场馆、南山滑雪场等周边公共服务配套和基础设施保障，将"双奥之城"概念深度嵌入商场、公园、地铁站、火车站等公共空间，开展"云上"体育消费节、冬奥直播经济周等活动，激活居民消费潜力。布局更多商旅文体融合消费场景，推动"4K+5G+VR/AR"技术与文娱深度融合，研究在三里屯、国贸CBD、王府井等重点商圈打造一批微剧场、微舞台等新型演艺空间，支持沉浸式体验娱乐业态繁荣发展。引入市场竞争机制，支持社会委托运营、民办公助、文化基金、文化消费券、政企补贴合作等供给模式创新，鼓励社会主体参与公共文化服务体系建设。

四、加快打造具有国际竞争力的创新创意城市

一是推动文化产业和文化事业高质量发展。结合各区文化资源禀赋和产业基础，支持新媒体、动漫网游及数字内容、影视产业、创意设计、会展服务等文创产业发展。依托郎园 vintage、CBD 国际传媒产业园、中关村"一区十六园"等打造文创融合发展综合示范区，加快构建市级文化产业园区、示范园区、特色小镇、文创街区、文创空间等多层次、立体化文化产业空间体系，形成差异互补、专业集聚的文化产业发展格局。推动艺术品交易中心、会展中心等项目建设，提升雁栖湖国际会都、中国国际展览中心、国家会议中心等大型会展场馆综合服务能力。

二是持续释放文化创新活力。紧抓国际科创中心建设机遇，用好北京大学、清华大学、北京航空航天大学、北京理工大学等在京高校和科研院所资源，推出一批科普、研学、体验等科技旅游精品线路。引导科技创新元素与影视拍摄、动漫游戏、时尚购物、文旅康养等结合，开发数字文化旅游创意产品。畅通融资对接渠道，鼓励民营机构参与遗产保护、公共文化设施建设等，充分激活市场主体积极性。

三是推动"文化+"融合发展。推动文化要素与科技、金融、体育等深度融合发展，不断丰富文化产品供给。精心策划文化消费品牌，围绕城市副中心、"三城一区"、新首钢、临空经济区等重点区域打造集艺术表演、互动体验、时尚消费于一体的文化休闲综合体，研究谋划在前门、王府井、西单、三里屯等重点商圈植入高品质文化设施、文化景观。

五、积极推动文化对外传播交流展示

持续拓展文化"走出去"途径，承接办好重大国际活动、重要赛事等，构建"'一带一路'+友好城市"模式，打造"中国—中东欧国家首都市长论坛""城市发展论坛"等常态化活动载体。打造文化传播精品，创新北京周、北京日、魅力北京、北京之夜、北京优秀影视剧海外展播季、北京国际电影节、北京青戏节等品牌文化交流活动的内容形式，促进中华文化与世界各地文化的交流交融、互学互鉴。支持数字文化业态发展，鼓励短视频、网络文学、网络游戏、线上剧本杀等数字文娱产业发展，完善云逛博物馆、云音乐会等线上文娱服务，拓宽数字文化对外交流大门。积极参与中国当代作品翻译工程、经典中国国际出版工程、丝路书香等国家对外传播工程，整合中华文化海外推广、对外影视合作传播、国际合作出版等项目，推动优秀文艺作品和网络文化产品"走出去"。

　　课题指导：徐逸智　王广宏
　　执　笔　人：包　颖

第五章　推进首都社会现代化
建设路径研究

社会现代化是现代化的一个重要领域，是首都现代化的重要组成部分，既是现代化结果的整体呈现，也是现代化过程的根本驱动，在一定意义上对现代化具有全局性的代表意义。在北京市率先基本实现社会主义现代化的进程中，社会现代化既要发挥引领作用，在各领域现代化中相对超前，也要发挥枢纽作用，成为其他领域现代化的重要承载。

第一节　首都社会现代化的理论基础及相关论述

一、社会现代化的概念谱系

社会现代化并没有统一定义，通过全面梳理，我们大致可以将其划分成三种类型阐释：

一是社会科学研究的阐释。主要来自社会学领域，政治学、人类学当中也有涉及，将"社会现代化"从社会的视角涵盖经济现代化、政治现代化、文化现代化等所有现代化领域，重点关注社会结构、社会流动、社会变迁、社会转型和社会发展等。马克思关于社会形态的演进、韦伯关于传统与现代社会的区分、布迪厄关于文化社会的研究等都是反映工业社会时期传统社会向现代社会转型的经典研究。20世纪90年代国内以社会现代化为题开展的系列学术研究也是基于此种定义开展的，其中经典的有王沪宁的《当代中国村落家族文化：对中国社会现代化的一项探索》、李路路的《"社会现代化"理论论纲》以及孙立平的《社会现代化内容刍议》。

二是政府智库研究的阐释。主要来自中国科学院中国现代化研究中心，其认为，社会现代化是自18世纪工业革命以来社会领域的一种前沿变化和国际竞争，是现代社会的形成、发展、转型和国际互动的前沿过程，是社会要素的创新、选择、传播和退出交替进行的复合过程，是追赶、达到和保持世界社会先进水平的国际竞争、国际分化和国家分层等；它包括从农业社会向工业社会、从工业社会向知识社会的两次转变、社会效率和生活质量的提高、生活方式和生活观念的变化、国贸文化与健康素质的提高、社会福利、社会公平和国际社会地位的变化等。简单地说，社会现代化是现代社会的世界前沿以及达到和保持世界前沿的行为和过程。

社会学家陆学艺认为，社会建设就是建设社会现代化，并将中国的社会现代化划分为三个阶段：第一阶段是保障和改善民生事业、社会事业，着力解决好就业难、上学难、看病难、社保难、住房难、养老难等基本民生问题；并从加强和创新社会管理入手，解决影响社会和谐稳定的突出问题，化解社会矛盾，解决社会问题，加强源头治理，标本兼治，最大限度地防止和减少社会矛盾的产生，促进社会公平正义。第二阶段要着力推进社会体制改革，创新社会政策，完善社会管理。推进新型的城镇化，破解城乡二元结构，逐步实现城乡一体化。拓宽社会流动渠道，构建一个合理、开放、包容的社会结构，使之与经济结构相协调。第三阶段社会体制逐步完善，社会管理体系更加健全，社会流动渠道更加畅通，社会组织广为发展，社会结构更为优化，形成一个与社会主义市场经济体制相适应、与现代经济结构相协调的现代社会结构，为全面、协调、可持续科学发展提供一个良好的社会环境。最终目标是要建立"民主法治、公平正义、诚信友爱、充满活力、安定有序、人与人和谐相处的社会主义和谐社会"。

三是党和政府相关表述。尽管未有用社会现代化概括过党和政府对于社会发展目标的认识、定位和方向，但"现代化"一词仍广泛见于社会领域，主要集中于社会治理，包括国家治理体系和治理能力现代化、市域社会治理现代化和基层社会治理现代化等不同层级。除此以外，对于社会领域中主要涉及的民生问题，通常以基本公共服务均等化目标的"七有两保障"予以概括，具体目标是"供给有效扩大、发展较为均衡、服务方便可及、群众比较满意，最终实现基本公共服务均等化"。在北京市层面，社会领域的社会服务和社会治理现代化统揽于"以人民为中心"的发展思想，创新提出了"七有"需求和"五性"要求。其中"七有"需求与国家相同，为"幼有所育、学有所教、劳有所得、病有所医、老有所养、住有所居、弱有所扶"，"五性"要求是北京特色，指"便利性、宜居性、安全性、公正性和多样性"。

二、本书对北京市社会现代化的认识

综合社会科学研究、政府智库研究以及党和政府的相关表述，我们认为，社会现代化包含自然人的社会化以及社会人的现代化，最终实现的是人与人之间关系的社会化乃至现代化，实现人与人、人与社会之间的和谐共生，在现代化过程中，贯彻这一始终的即公共服务。这一认识是基于马克思主义观点所认为的社会是人们通过交往形成的社会关系的总和，以及人的本质是一切社会关系的总和。自然人的社会化以及社会人的现代化，贯穿于人从生到死的全过程、全周期，是作为"人"在社会当中更好地生存和发展的所有需要的集合，现代化是社会发展的最高追求和目标，这种状态可以用人与人、人与社会之间的和谐共生来描绘。从这个意义出发，社会现代化的主要路径是公共服务的现代化，通过现代化的公共服务供给，更好地满足人类生存和发展的需要，更好地促进人与人、人与社会之间的和谐共生。

现代化是一个进行时而不是完成时，是一种变动不居的状态而非恒久不变的终局，社会现代化同样如此。对社会现代化的内涵理解和目标认识，也与当期所处历史阶段、发展面临的主要矛盾和问题密切相关。在当前，我们对社会现代化的认识、对现代化公共服务供给的认识，应当重点参照我们关于 2035 年远景目标的内容，具体是指市民"七有""五性"需求在更高水平上的有效满足。城乡区域发展差距明显缩小，基本公共服务实现均等化，健康北京建设取得长足进展，中等收入群体显著扩大，人的全面发展和共同富裕取得更为明显的实质性进展。结合本书所开展的工作，我们将社会现代化的研究聚焦到公共服务现代化研究当中，进行更深入的讨论。

一是政府层面有关文件关于公共服务认识的演进过程：首先是在 2006 年 10 月出台的《北京市"十一五"时期社会公共服务发展规划》（以下简称《规划》），在全国首次提出社会公共服务是指在社会发展领域中的公共服务。《规划》涉及的社会公共服务是指在社会发展领域中，以满足公众基本需求为主要目的、以公益性为主要特征、以公共资源为主要支撑、以公共管理为主要手段的公共服务。主要包括教育、医疗卫生、文化体育、公共安全维护、社会福利和社会救助等内容。并将社会公共服务划分为基本社会公共服务、准基本社会公共服务和经营性社会公共服务。

其次是在 2012 年 7 月出台的《国家基本公共服务体系"十二五"规划》，将基本公共服务定义为建立在一定社会共识基础上，由政府主导提供的，与经济社会发展水平和阶段相适应，旨在保障全体公民生存和发展基本需求的公共服务。享有基本公共服务属于公民的权利，提供基本公共服务是政府的职责。并认为基本公共服务范围，一般包括保障基本民生需求的教育、就业、社会保障、医疗卫生、计划生育、住房保障、文化体育等领域的公共服务，广义上还包括与人民生活环境紧密关联的交通、通信、公用设施、环境保护等领域的公共服务，以及保障安全需要的公共安全、消费安全和国防安全等领域的公共服务。

最后是在 2017 年 1 月出台的《"十三五"推进基本公共服务均等化规划》，作为"十三五"时期推进基本公共服务体系建设的综合性、基础性、指导性文件，明确了国家基本公共服务制度框架，确定了公共教育、劳动就业创业、社会保险、医疗卫生、社会服务、住房保障、公共文化体育、残疾人服务 8 个领域的81 个服务项目清单，提出四方面保障措施。在保障措施中，明确了国务院各有关部门和省以下各级人民政府的职责，要求加强绩效评价和监督问责。

二是社会现代化与其他领域现代化乃至首都整体现代化之间的关系：整体来看，社会现代化是现代化的重要领域，是首都现代化的重要组成。由于现代化的最终结果还要体现到人，因此社会现代化是现代化最终结果的集中呈现和整体呈现。由于现代化的最终驱动也还是依靠人，因此社会现代化是现代化推动过程的根本动力。此外，在不同领域社会现代化中，只有社会现代化才能对现代化具有全局性的代表意义，其他现代化仅能从一个侧面或者一个截面呈现现代化，这也是为什么现代化首先在社会领域的研究中被提及、社会现代化在相当长一段时间乃至当前的某些场合被用以指称现代化的全部。

具体来看，社会现代化既是经济现代化和城市现代化的必然结果，也是经济现代化和城市现代化的重要动力。与政治现代化和文化现代化一样，社会现代化可以相对超前，在现代化进程中发挥引领作用，也是经济现代化和城市现代化的成果向政治现代化和文化现代化转化、政治现代化和文化现代化的成果在经济现代化和城市现代化中体现的枢纽。如果说生态现代化是现代化在自然层面的基础，那么社会现代化就是现代化在社会层面的基础，生态现代化作为自然层面的基础可以相对独立，社会现代化作为社会层面的基础天然广泛联系，其他领域现代化的成果经由社会现代化为人所认识、接受和传承，向生态现代化转化和体现。社会现代化是所有其他领域现代化的承载，所有现代化只有在社会现代化中有所体现才有其延续和存在的可能以及意义和价值的表达。

三是社会现代化是经济社会发展到一定水平才可能有、才必须有的追求。社会现代化是一种高端追求，在社会现代化被代指为现代化之时，社会现代化很多时候被当作一种乌托邦理想社会的追求。在温饱得不到解决、安全时时刻刻存在威胁的情况下，社会往往首先被牺牲，社会关系被完全扭曲，目标集中于保持种群的延续，溺婴弃老等就是这种扭曲。在经济发展具备一定物质基础、政治发展保障人的基本权力、城市发展提供人们集群生活的基础、生态发展保护人赖以生存的自然环境，社会现代化具备了基础条件。社会现代化发展的过程是融入其他现代化的过程，如公共服务的发展日益成为经济发展的组成部分，现代政治中公共服务的权益分配是重要议题。

现实当中，以 3 万美元的人均 GDP 为界，社会现代化面临不同的局面。世界一流城市在人均 GDP 达到 3 万美元之后，民众的公共服务需求规模大幅度提升且层次大幅度提高，公共服务需求的社会化带来需求规模的大幅度提升，民众更加注重公共服务中满足发展权、促进自我实现的功能，如教育、文化和体育等。在这一过程中，都出现了政府公共服务（福利）支出急剧增加、政府社会职能膨胀、相关部门就业人员快速增长等一系列现象。与此同时，政府机构臃肿，公共产品和服务供给效率低下、缺乏灵活性等问题也日益为社会舆论所诟病。以此为背景，英国、美国、新西兰、澳大利亚等西方国家相继掀起了以解除管制、私有化及自由化为主要标志的政府公共产品和公共服务供给市场化改革的热潮。因此，在这些国家社会现代化的过程都伴随政府在公共服务供给中的角色重塑：政府是基本公共服务的供给者，但并非一定是直接提供者，基本公共服务的直接提供者可以是多元的，政府承担支出责任；政府不是非基本公共服务的供给者，但也不是简单的监管角色，需要通过制度建设促进在民众及民众之间形成公共服务的协作关系，无论是市场化协作还是社会化协作。

第二节　首都社会现代化的主要维度及指标设计

一、关于公共服务的主要维度

国际上关于公共服务的关注维度主要是公共服务绩效或效能的评价，其中的争论主要集中在效率与公平的取舍之上，如美国的公共服务体系是兼顾效率与公平的，其主要特点是在政府调节分配的前提下，建立起以个人自助为主，政府补助、商业保险为辅的公共服务体系①。西方对公共服务绩效或效能的评价与公共行政的发展一脉相承，自威尔逊开始表现出强烈的效率价值取向，且由于对公共组织自发的低效率的担忧，西方进行了广泛的针对政府公共服务绩效评价的研究，即提高政府运作的效率成为研究的重点②。如哈林顿·埃默森1913年提出的适用于政府和企业管理的12条效率原则，以及克拉伦斯·里德和赫伯特·西蒙在1938年的经典著作《市政工作衡量：行政管理评估标准的调查》，由此拉开了公共服务效率评价的序幕。20世纪40~70年代是传统公共行政鼎盛时期，对政府和公共服务效率评价得到进一步强化。行政学家布·卡特将这一阶段称为"效率政府"时期③。

以弗雷德里克森为代表的新公共行政学派，主张将"效率至上"转为"公平至上"，强调核心价值取向是社会公平，力图用"社会效率"代替"机械效率"④。而与之相应地，在具体评价过程中，公共服务绩效评价的价值理念由最初追求公共服务的过程和效率转变为以公民和结果为导向⑤。关于这方面的研究，巴达克认为，"新公共管理"最核心的观点是为结果而管理，最重要的结果

---

①　王慧军. 美国公共服务体系建设的经验与启示［J］. 求知，2010（06）：41-43.

②　W. Wilson. The Study of Administration［J］. Political Science Quarterly，1887（02）：199.

③　G. Bouckaert. New Public Leadership for Public Service Reform［M］. Montreal and KingstonJ：Mc Gill-Queen's University Press，2010.

④　孙浩，徐文宇. 社会组织承接公共服务效能评价指标体系的构建［J］. 统计与决策，2017（10）：75-77.

⑤　刘淑妍，王欢明. 国外公共服务绩效评价的研究发现及对我国的启示［J］. 国外社会科学，2013（02）：114-122.

之一是使顾客满意①。哈蒂认为，公共服务绩效评价不仅需要测量其效率，还需对其结果进行评估②。经济学家欧文·E. 休斯颠覆了传统的经济效率优先的模式，提出政府绩效评价最著名的"3E"理论③。哈里等逐渐将公共服务质量、顾客满意度的提高作为"3E"的目标④。卡特·尼尔等认为，可以根据不同部门的目标制定出不同的政府绩效评价指标，如果关注的是责任，则评价政府为社会公众提供有效公共服务的程序性指标更重要⑤。鲁德尼认为民意调查是公众表达意愿以及政府了解公众对公共服务需求的重要途径，是对公共服务绩效综合评价十分必要的⑥。总而言之，进入 20 世纪 90 年代后，随着顾客满意度测量技术的发展、成熟和运用，通过对公民满意度的测量来提升公共服务绩效的研究与实践成为主要的潮流之一，在对政府公共服务的研究中也强调对服务产出或服务质量的评价⑦⑧。

国内学者关于公共服务主要关注两个维度：一个维度是均等化。在这里，国内的研究大体上分为两类：一类是从制定原则方面入手，对评价体系的制定进行研究。如刘德吉从评价方法的确定、评价内容的选择以及评价指标的筛选等几方面着手，采取主客观标准相结合的评价方法，对公共服务从财政投入、产出到效果视角，重点围绕教育、医疗、社会保障等基本民生类公共服务设置评价指标体系⑨。另一类则是通过对评价指标体系的构建，对某一地区具体的公共服务均等化情况进行了评价。如翟羽佳采用灰色关联法对河南省基本公共服务均等化水平

① E. Bardach. A Practical Guide for Policy Analysis C: The Eightfold Path to More Effective Problem Solving [M]. Washington D. C.: CQ Press College, 2011.

② H. P. Harty. Performance Measurement: Fashions and Fallacies [J]. Public Performance & Management Review, 1999 (02): 139.

③ 欧文·E. 休斯. 公共管理导论 [M]. 彭和平，等译. 北京：中国人民大学出版社，2001.

④ Harry P. Hatry. Tracking the Quality of Services, James L. Perry [M]. Handbook of Public Administration M: Jossey Bassinc Publishers, 1996.

⑤ Carter Neil, Klein Rudolf, Day Patricia. How Organizations Measure Success [M]. London and New York: Routledge, 1992.

⑥ J. L. Brudney and R. E. England. Urban Policy Making and Subjective Service Evaluation [J]. Are They Compatible Public Administration Review, 1982 (42): 131.

⑦ C. Fornell. A National Customer Satisfaction Barometer: The Swedish Experience [J]. Journal of Marketing, 1992 (56): 10.

⑧ 孟华. 政府绩效评估：美国的经验与中国的实践 [M]. 上海：上海人民出版社，2006.

⑨ 刘德吉. 公共服务均等化的评价体系构建 [J]. 江西行政学院学报，2010，12 (01): 12-16.

进行了测度①。刘蓓等对广西 14 个地市的基本公共服务均等化水平进行评价，并依据评价结果探析存在地区差异的原因②；王新民等应用灰色关联综合评价模型对全国 31 个省域均等化水平进行了实证分析③；朱洁等通过构建评价指标体系，对 2001~2011 年各省份基本公共服务供给水平进行了整体评估④；马昊等通过构建我国基本公共服务评价的指标体系对东中西部代表省份 2002~2009 年的基本公共服务均等化程度进行评价⑤；安体富等利用综合评价方法，从地区间公共服务产出的角度出发，构建了一个包含 4 个级别共 25 个指标的中国公共服务均等化指标体系，并以此评价我国 2000~2006 年的公共服务及其具体项目的均等化水平⑥；李敏纳等在综合测度我国各省份社区性公共服务水平和区域差异的基础上，系统分析了其影响机制⑦；马慧强等通过构建基本公共服务质量水平测度指标体系，用熵值法对我国 286 个地级以上城市（除拉萨外）的基本公共服务空间差异格局与质量特征进行了分析⑧；丁焕峰等基于 31 个省份公共服务方面的统计数据，利用主成分分析法对我国区域公共服务均等化水平进行了分析⑨；杨帆等利用熵值法分析了新疆各地州的基本公共服务水平和空间差异⑩；冯骁等采用熵值法对我国地级市的基本公共服务水平的演变及质量特征进行了空间分析，并阐

① 翟羽佳．河南省 2011 年基本公共服务均等化水平测度与分析 [J]．地域研究与开发，2013，32 (05)：57-61.

② 刘蓓，赵修安．基于熵权 TOPSIS 法的基本公共服务均等化评价实证研究——以广西为例 [J]．学术论坛，2016，39 (03)：72-76.

③ 王新民，南锐．基本公共服务均等化水平评价体系构建及应用——基于我国 31 个省域的实证研究 [J]．软科学，2011，25 (07)：21-26.

④ 朱洁，李齐云，孔德馨．中国省际基本公共服务均等化程度评价研究 [J]．东岳论丛，2015，36 (07)：112-117.

⑤ 马昊，曾小溪．我国基本公共服务均等化的评价指标体系构建——基于东中西部代表省份的实证研究 [J]．江汉论坛，2011 (11)：23-25.

⑥ 安体富，任强．中国公共服务均等化水平指标体系的构建——基于地区差别视角的量化分析 [J]．财贸经济，2008 (06)：79-82.

⑦ 李敏纳，覃成林，李润田．中国社会性公共服务区域差异分析 [J]．经济地理，2009，29 (06)：887-893.

⑧ 马慧强，韩增林，江海旭．我国基本公共服务空间差异格局与质量特征分析 [J]．经济地理，2011，31 (02)：212-217.

⑨ 丁焕峰，曾宝富．中国区域公共服务水平均等化差异演变：1997—2007 [J]．城市观察，2010 (05)：24-29.

⑩ 杨帆，杨德刚．基本公共服务水平的测度及差异分析——以新疆为例 [J]．干旱区资源与环境，2014，28 (05)：37-42.

释了其影响因素①；赵林等从失配的角度采用健康距离模型对东北地区的基本公共服务均等化水平进行了研究②。

另一个维度是公共服务投入效率。如张启春等利用因子分析、数据包络分析方法对我国 31 个省级政府 2010~2014 年基本公共文化服务绩效水平进行评估③；鲁小伟、毕功兵利用主成分分析法对广东等 13 省市文化产业投入产出效率进行评价④；张启春等从"投入—产出"角度出发，构建出农村基本公共服务绩效评价指标体系，并综合采用"纵横向"拉开档次综合评价法和数据包络分析法，对中国 31 个省份 2003~2012 年的农村基本公共服务进行实证研究⑤；蒋祖烜等按照"投入、产出、效益、管理"的基本思路设计新闻出版公共服务评价指标体系，并对指标的具体内容进行解释⑥；还有学者直接以政府文件为标准，以"五位一体"建立指标，利用熵值法核算指标权重，构建村级治理评价指标体系，从我国中西部地区选取典型行政村，对其村级治理状况进行考评分析⑦；最后，不同学者在对不同问题进行研究的时候，往往针对研究的问题单独建立一套评价指标体系，从而评价指标体系受到被评价事物的影响。如王郁等对环保公共服务⑧与王欣等对公共就业服务⑨的评价指标体系构建，便由于评价对象的不同而不同。

从关于北京市公共服务的研究来看，关注较多的维度是公共服务空间分布差异，我们可以将之归类为公共服务均等化方面的研究。如黎婕等对北京市公共服

---

① 冯晓，牛叔文，李景满. 我国市域基本公共服务均等化的空间演变与影响因素 [J]. 兰州大学学报（社会科学版），2014，42（02）：86-93.

② 赵林，张宇硕，张明，等. 东北地区基本公共服务失配度时空格局演化与形成机理 [J]. 经济地理，2015，35（03）：36-44.

③ 张启春，范晓琳. 我国基本公共文化服务绩效的评价与实证 [J]. 统计与决策，2017（17）：72-75.

④ 鲁小伟，毕功兵. 基于主成分分析法的区域文化产业效率评价 [J]. 统计与决策，2014（01）：63-65.

⑤ 张启春，江朦朦. 中国农村基本公共服务绩效评估分析：基于投入—产出视角 [J]. 中南民族大学学报（人文社会科学版），2016，36（04）：141-146.

⑥ 蒋祖烜，刘灿姣，王宇，卢宇，韩钦. 论新闻出版公共服务评价指标体系的构建 [J]. 出版科学，2013，21（03）：53-56+52.

⑦ 蔡轶，夏春萍. "五位一体"村级治理评价体系初探 [J]. 南方农业学报，2016，47（05）：766-772.

⑧ 王郁，范莉莉. 环保公共服务均等化的内涵及其评价 [J]. 中国人口·资源与环境，2012，22（08）：55-62.

⑨ 王欣，吴江. 公共就业服务满意度评价及指标体系构建——基于服务型政府导向的研究 [J]. 中国人力资源开发，2013（07）：77-81.

务设施的研究，便强调北京市城市公共服务设施的空间分异特征显著。供给指数的空间分布呈现明显的圈层结构，老城区以及各区的中心街道、乡镇的设施规模和分布密度显著高于其他区域[①]；何丹等对北京市公共文化设施服务的研究，发现文化设施服务水平空间分布不均衡且文化设施服务水平空间分异趋势明显[②]；赵扬对北京市整体公共服务状况进行了研究，得出各城区基本公共服务存在较显著的区域差异，东城区、西城区、朝阳区、海淀区属第一梯队，丰台区、昌平区、大兴区属第二梯队，剩下的区分属三四梯队的结论[③]；马慧强等的研究则强调了空间上的溢出效应，其在对京津冀整体公共服务的研究中发现，与北京和天津较近的地区基本公共服务水平相对较高，反之水平则较低[④]。

还有部分学者关注公共服务的特定领域。如蒋淑媛对公共文化服务[⑤]；蒋海兵等对公共服务获取的交通便利性[⑥]；施昌奎对基础教育公共服务分别进行了研究[⑦]。还有一些学者从不同的角度对北京市公共服务问题进行了研究。如魏义方等在对公共服务评述的范围之外，还研究了公共服务供给方式的转变，突出了从财政大量投入到制度完善的转变[⑧]；毕娟则将科技资源配置视为公共服务，论述了北京市科技公共服务中政府与企业分处的位置与形式原则[⑨]。

另有学者关注公共服务的绩效和效率。陆小成以北京市各区为例进行实证分析，采用综合评价法对城市公共服务绩效水平进行评价，认为公共服务型政府的构建，要求改变以 GDP 为主导的单一经济指标评价模式，向综合型、均等化、

① 黎婕，冯长春.北京城市公共服务设施空间分布均衡性研究［J］.地域研究与开发，2017，36（03）：71-77.

② 何丹，金凤君，戴特奇，孙颖，周真杨.北京市公共文化设施服务水平空间格局和特征［J］.地理科学进展，2017，36（09）：1128-1139.

③ 赵扬.北京市下辖城区基本公共服务评价研究［D］.北京：首都经济贸易大学，2016.

④ 马慧强，王清，弓志刚.京津冀基本公共服务均等化水平测度及时空格局演变［J］.干旱区资源与环境，2016，30（11）：64-69.

⑤ 蒋淑媛.北京现代公共文化服务体系构建研究［J］.北京社会科学，2015（01）：118-122.

⑥ 蒋海兵，张文忠，韦胜.公共交通影响下的北京公共服务设施可达性［J］.地理科学进展，2017，36（10）：1239-1249.

⑦ 施昌奎.北京市基础教育公共服务资源配置分析［R］.北京：北京公共服务发展报告（2012~2013），2013.

⑧ 魏义方，杨宜勇.推进公共服务共建共享发展［J］.前线，2017（04）：46-49.

⑨ 毕娟.财政科技投入视角下的北京科技公共服务［R］.北京：北京公共服务发展报告（2008~2009），2009.

民本位、公共服务型的政府绩效指标评价模式转变①。

以上这些公共服务的认识维度，结合国家关于公共服务发展目标的设定，我们可以将公共服务的维度设定为：

一是服务供给与经济社会发展水平相适应。公共服务的供给水平在大部分时候是与经济社会发展水平相适应的，这一方面是因为公共服务的供给水平受到经济社会发展水平的"硬约束"，另一方面是因为现代化历程中发展的原动力越来越决定于更多人的更好发展，也就是更高水平的公共服务。甚至于在某些阶段和某些地方，公共服务供给水平会相对于经济社会发展水平适度超前，如中华人民共和国成立初期的医疗卫生水平、非洲国家的高等教育水平。

二是服务水平在不同区域群体中基本一致。公共服务水平在某种程度上代表着"发展权"，人人拥有平等的发展权是社会毋庸置疑的公平和正义，追求公共服务水平在不同区域群体中的基本一致，是现代化题中应有之义。这种基本一致并非完全一样，而是指水平大致相当，但是具备结合自身实际的各种特色。在基本一致的基础上，也应该有遵循市场化定价原则的差异化供给，只要"物有所值"，就不影响公平原则。

三是服务覆盖保障全体能够享有。首先是基本公共服务不设任何门槛和条件保证"有需即享"，非基本公共服务供给不设置排他性原则。其次是针对特定对象或特定时期的公共服务，如残疾人服务、义务教育等，不因限定对象影响其全覆盖要求。最后是对困难群体给予特殊照顾，保障其享有同等的公共服务，如特殊教育、贫困生补助等，是服务全覆盖的体现。

四是服务成效受到群众广泛认可。群众的广泛认可是公共服务质量的最终评价，这种认可集中体现于公共服务满意度上。公共服务满意度作为主观维度，与公共服务质量并不存在必然的线性关系。相反，由于公共服务质量与经济社会发展水平存在强相关，但经济社会发展水平又与人们对于公共服务水平的期望存在强相关，因此，存在公共服务质量越高、群众期望也越高，群众满意度越难提高的现象。因此，对群众的服务满意度评价不应该简单做数字比较。

---

① 陆小成. 城市公共服务绩效评价指标体系研究——以北京为实证分析 [J]. 广东行政学院学报，2016，28（03）：24-30.

二、关于指标设计的考虑

（一）公共服务有关指标设计的考虑

服务供给维度主要包括公共服务支出占国民生产总值的比重、公共服务支出占公共财政支出比重、全社会公共服务支出增长率等指标。

服务水平维度主要衡量公共服务的均等化程度，如基本公共服务清单项目达标率、义务教育均衡发展区数量等。

服务覆盖维度主要衡量公共服务设施覆盖程度和公共服务制度覆盖群体比例等。

服务成效维度包括客观指标如人均健康期望寿命和主观指标如"七有""五性"民生保障指数等。如表5-1所示。

表5-1 公共服务有关指标

序号	指标维度	具体指标	现状值	目标值
1	服务供给维度	公共服务支出占公共财政支出比重	约50%	50%~60%
2		公共服务支出占国民生产总值的比重	约10%	10%~15%
3		全社会公共服务支出增长率	与经济发展基本同步	与经济发展基本同步
4	服务水平维度	基本公共服务清单项目达标率	100%	100%
5		义务教育均衡发展区	以区为单位全面建成	以市为单位全面建成
6		以区为单位关键衡量指标的方差	—	逐步缩小
7	服务覆盖维度	每千名常住人口拥有3岁以下婴幼儿照护设施托位	—	10个
8		每千名常住人口养老床位数	4.78张	9.5张
9		养老机构护理型床位占比	—	80%
10		社区养老服务驿站	915	全覆盖
11		公共文化设施覆盖率	>98%	>98%
12		社会保险收缴率	>98%	>98%
13	服务成效维度	人均健康期望寿命	—	74岁
14		城镇调查失业率	<5%	<5%
15		新增劳动力平均受教育年限	13.3年	15.8年左右
16		"七有""五性"民生保障指数	—	超过110

（二）关于指标设计的简要说明

关于"公共服务支出占公共财政支出比重"和"公共服务支出占国民生产总值的比重"，是将地方政府预算支出中教育、文化体育与传媒、社会保障和就业、医疗卫生与计划生育、城乡社区五部分一般公共预算支出加和计作公共服务支出，将一般公共预算支出计作公共财政支出。此口径总体偏窄，既不包括政府部门的政府性基金预算支出、国有资本经营预算支出和社会保障基金预算支出，也未考虑市场和居民部门的支出。未来随着发展水平不断提高，应考虑将市场居民部门的支出加总进公共服务支出，得到"全社会公共服务支出"的口径，计算其占国民生产总值的比重。

关于"基本公共服务清单项目达标率"，是各地区按照本地所发布的基本公共服务清单项目要求，计算达标率。目前，北京市按照国家清单所计算的达标率已达100%，市级清单和各区清单尚未发布。这是衡量基本公共服务均等化水平的基础指标。

关于"义务教育均衡发展区"，是按照义务教育均衡发展指标体系，从区域内义务教育学校的办学经费投入、硬件设施、师资调配、办学水平和教育质量等方面进行比较，保持差距处于相对均衡状态。目前，北京市以区为单位，已经全部达标，以市为单位尚未进行测量。

关于"以区为单位关键衡量指标的方差"，方差是统计学上用于衡量样本之间离散程度的重要指标，用于公共服务均等化水平衡量具备一定意义。将本指标体系内或其他当期引发社会广泛关注的指标纳入，进行以区为单位的方差比较，是一种开放性指标的做法，能够灵活地反映存在问题并制定有针对性的政策。

关于"人均健康期望寿命"，这是同时反映生存年限和生存质量的指标。根据国家卫健委公布的数据，2018年中国人均预期寿命是77岁，但是健康预期寿命仅为68.7岁，居民有8年多的时间带病生存，反映出我国医疗卫生体系的短板。

关于"'七有''五性'民生保障指数"，该指标是按照《关于构建"七有""五性"监测评价指标体系的实施方案（试行）》要求，围绕"七有""五性"需要，将主动治理与接诉即办紧密结合，增加公共服务有效供给，以问题是否解决、群众是否满意为检验标准设计的综合评价指标。

第三节　首都社会现代化的关键问题

当前公共服务领域的根本矛盾已经从基本需求的满足，转变为人们日趋多元的对优质公共服务的无限需求，与仍然单一的基本公共服务的有限供给之间的矛盾。在此矛盾变化之下，公共服务领域的"三强三弱"问题日益凸显，"四化四多"（社会化、专业化、市场化和产业化，多主体、多层次、多类型和多业态）发展需求日益迫切。

一、政府强，市场和社会弱

主要问题是政府监管不力和监管冗余现象并存，导致劣币驱逐良币和市场或社会正常发育的服务管理行为拿不到"准生证"。所有公共服务类的固定资产投资项目行政审批都因为涉及重大公共利益而至少归类到"核准"一级。而从固定资产投资审批程序的实践来看，在资金充沛、程序顺利的情况下，需要至少两年半时间，其中规划调整所花时间就在 1.5～2 年，主要用于土地性质和规划用途调整。在公共服务支持政策当中，北京市给予养老领域的用地优惠最大最特殊，即非营利养老机构可以在不转变土地性质的情况下建设养老机构，甚至于可以在不办理土地出让不补缴土地出让差价的情况下建设养老机构。但优惠政策仅限于养老（文创产业相关政策路径仍不清晰），大量实质提供教育、养老、医疗服务的民办机构使用高成本的商办设施，实际游离于前置审批的监管之外。

另外，缺乏效用但程序繁琐的监管除了提高民间投资投建公共服务设施的制度成本以外，也变相地催生了公共服务机构的不规范甚至违法行为，如幼儿园要求具备资质的主体在教育用地上建设教育设施就催生了各类资质借用。同时，历史积攒的存量建设用地大多是工业用地性质，在转换成公共服务设施用地时补缴的土地出让金动辄数亿元，土地所属机构大多无力承担，依靠借贷则资金成本太高、审批周期太长且不确定性太大。而转换成某类公共服务设施用地之后，如需要切换到另一类公共服务设施用地，还需要重走审批程序，无疑是一种监管冗余。

二、条强块弱基层难

主要矛盾为公共服务需求的高度社会化与公共服务资源的高度部门化之间的矛盾。政府通过各种体系建设成为服务的直接供给方，所形成的服务层级容易缺少连续性和对应性，擅于做大项目而不擅长做小服务，但行业监管又不到位，市场和公共服务供给经常处于实质禁入或失管状态。此外，服务供给条块分割较为严重。如养老驿站作为"专门化"的养老服务机构运营普遍难，各类为老为小服务资源在社区整合难，空间、人员已整合，但项目、资金隔离，出现"一次活动、分类摆拍"的怪现象。

同时，基层权责利不对等现象仍然突出，公共服务设施尤其是涉及"老弱病残幼"的大多安全风险大、收益小、追责多，基层出于规避风险考虑倾向于"不做少做"，社会力量进入也多受掣肘。个别收益高的如名校办分校项目，则面临政务环境方面的压力。加之基层财权事权不对等现象仍然突出，尽管街道体制改革和"街乡吹哨、部门报到"赋予了基层更大的财权和事权，但公共服务供给仍然依托于"行政发包"，基层综合性完成各方下派任务的能力还有待提升。

三、投入强效果弱

一方面，政府投入的重点存在偏差。以养老为例，养老服务主要对象应该是占比超过90%的活力老人，为其提供"老有所为""老有所乐"的适老化生活环境，重点对象是占比为8%的失能、失智老人，为其中有需求部分提供集中供养照护床位。养老资源的主力不应该放在照护型床位比例不到40%的机构养老床位建设上，长期投入大量资源于补床位和忽视质量提升，让大部分老人缺少实际的获得感，让有需求的老人无法得到有效满足。又如在托育和学前教育方面，0~3岁育儿成本高企，但托育社会化发展不足，政府关注度不够、投入稀少，高质量学前教育需求高企，普惠幼儿园发展拉高最低水平的同时也拉低最高水平，部分社区居民甚至因为普惠幼儿园出现"入园难"现象。

另一方面，政府投入与民间投资的协同效应差。公共服务投入中普遍反映的收益与投资不相匹配问题，这个问题在北京市昂贵的土地价格下显得更加突出。实质上，随着居民收入增长和居民公共服务支出占比的提高，公共服务领域的收益也在逐步覆盖投资，特别是一些需求较为旺盛而供给相对紧张的领域。如养老领域，过去五年机构收费普遍翻倍，泰康燕园、椿萱茂等养老机构投资回报期由

10~15年缩短到5~7年。在目前情境下，民间资本投入公共服务领域的热情主要来自稳定现金流回报的吸引、居民公共服务支出占比的持续扩张和对未来通胀的预期。以此为背景，低成本、长周期的资金投入在公共服务融资当中尤显重要。

第四节　实现首都社会现代化的路径建议

实现公共服务更加均衡、更加充分发展是共同富裕的题中应有之义，北京市公共服务发展在实现更高水平均等化的基础上，还要牢牢把握供给侧改革主线，加强需求侧管理，实现"四化四多"的公共服务发展格局，在发展中不断解决不平衡、不充分矛盾。

一、近期任务注重提升水平释放活力

（一）以清单化和标准化实现基本公共服务更高水平均等化

加快推进基本公共服务清单化和标准化工作，分年度出台市级基本公共服务清单并向社会公开，明确并坚决履行政府承诺。以清单标准化为抓手，明确基本公共服务范围、服务项目和权责关系，规范市、区、街各级支出责任和分担方式，实现基本公共服务按项目打包、按人头付费，财政支出以人为单位实现全面均等。围绕基本公共服务清单制度创新治理方式，建立基本公共服务供给财政兜底专项账户、考核激励机制和清单动态调整机制，将基本公共服务供给水平和质量纳入"七有""五性"综合评价指标体系实施考核，考核结果作为财政奖励性资金和基本公共服务固定资产投资切块下达主要依据。

（二）以供给侧改革和需求侧管理构建公共服务"四化四多"格局底层框架

以落实和完成中共中央、国务院部署的教育、医疗和文化等各领域改革任务和改革目标为指引，全面推进公共服务供给要素的市场化、社会化有关改革工作。建设公共服务数据共享平台、产权转换平台和资源交易平台，推动公共服务数据有效产出、交换、流动和使用，试点开展非营利类公共服务资源区间内流动，试点推进公共服务资源所有权、收益权和经营权"三权分置"改革。提高公共服务设施运营社会化、专业化水平。按照管办分离的原则，原则上政府新建公共服务设施一律采取公建民营，存量设施逐步转为公办民营。研究设立市级公共服务设施建设指导标准，首先在城市副中心公共服务综合设施"家园中心"建设中探索实践，形成"功能整合、各取所需、相互融合、切换便捷"的家园中心建设指导标准。

（三）以数字化和智能化加速公共服务水平提升

强化政府信用背书支持，按照"一校一策""一院一策"原则，鼓励一批优质公办医疗、教育和养老服务资源以互联网形式"走出去"，促进数字健康、在线教育等公共服务新兴业态健康良性发展，积极应对京外顶尖专科互联网医院全国布局新形势。加快出台公共数据资源分级分类指南，试点开展公共数据运用企业安全等级认定，建设公共服务数据交易平台，激活北京市云上社会数据资源潜能，降低社会领域民间力量进入的数字门槛。

（四）以市属国企为牵引激发公共服务市场活力

正确认识公共服务逐步成为经济发展需求侧主要动力来源的现实和发展趋势，发挥好公共服务在拉动制造业高端化、精细化发展中的需求导向作用，以及涵养孵化现代服务业高质量发展的基础作用，发挥市属国企融资成本低、企事业单位土地空间资源多优势，组建康养集团、举办国际教育，成为公共服务领域的"领头羊"和关键力量。

（五）以空间资源再利用提高公共服务社会化市场化程度

利用社区文化活动室、社会服务用房等空间资源，推动开展综合性公共服务供给，吸引社会力量在这些空间资源中布局5G和物联网等新型数字基础设施，形成高新技术应用与满足民生需求间的良性互动。利用郊野公园、城市公园等广阔公共空间，鼓励森林教育、全民健身等公共服务资源嵌入，结合"一环百园"和各区特色，形成各自公共服务项目品牌。利用低效商业楼宇、闲置厂房等室内空间资源，分级分类用于教育、托育、养老和文化等公共服务供给，明确在不改变土地和地上物规划属性的基础上，开展公共服务供给的政策细则。

（六）加强预期管理，缓解群众公共服务焦虑

坚持服务型政府建设，不断弱化全能型政府预期，践行"尽力而为、量力而行"理念，警惕福利陷阱和过度承诺。加强科学思想普及，引导群众正确认知教育、医疗和养老的功能和定位，防止教育万能论，强调个人是健康第一责任人，营造全社会爱老、敬老氛围。精准疏导中产焦虑，加大对不良自媒体刻意放大焦虑、营造恐慌的打击和针对性宣传工作，加强政务公开透明，稳定群众政策预

期，支持高水平专家学者就教育理念、健康理念和未来形势研判等广泛发声。

二、中长期任务应该充分释放"四个中心"蕴含的巨大能量

（一）释放常态化举办重大活动的能量

习近平总书记曾指出，办好一次会、搞活一座城。伴随重大国事活动、主场外交活动常态化，北京承担的重大活动、会议数量更多、规格更高，这为北京高质量发展创造了独特的发展机遇，我们在服务保障中也形成了"北京服务"品牌。随着北京冬奥会冬残奥会的举办，需持续强化国际交往中心功能、硬件建设和软性环境营造同步推进，建设一流国际人才社区，建设国际学校、国际医院，吸引更多公共服务领域的国际高端要素在京落地，为首都群众创造更加美好的生活环境。

（二）释放创新驱动发展的能量

加强公共服务领域关键核心技术攻关，比如，在人工智能、医药健康、康复辅具制造等高精尖产业领域突破一批"卡脖子"技术。加强国家实验室建设，重点支持量子、脑科学、人工智能、纳米能源、应用数学、干细胞与再生医学等一批为群众生活带来革命性改善的研发机构发展。关注人才引进和配套环境建设，围绕创新链拓宽人才宽度，由关注科学家到关注创业的投资者、工程师、知识产权律师和产品经理等，营造公共服务的科技创新生态链。

（三）释放文化中心的能量

北京是社会主义核心价值观的首善之区。所谓首善，就是坚持以社会主义核心价值观引领文化建设，就是坚定人们对中国特色社会主义的信念、坚定四个自信。北京也是拥有历史文化遗产最多的世界名都，通过加强文化遗产活化利用，推动传统文化创造性转化、创新性发展，能够为市民生活添加更多文化魅力。比如近几年故宫文创深受年轻人喜爱，就是文物活化利用的成功案例，未来随着更多的文创产品和更多文物场所腾退开放，人民群众的文化空间将得到更大拓展。加快推进公共文化服务体系示范区和文化产业发展引领区建设，打造"书香北京"和博物馆之城，推进实施文化产业数字化战略，让文化创新创造的活力浸润人心。

三、远期任务应该重视基础制度变革带来的新的发展机遇

（一）推动基于房产税的"租售同权、服务挂钩"供给模式

现有英国、美国等发达国家基层公共服务配置基本上是通过社区决策实现

的，这种社区决策具备很强的灵活性，且社区用于公共服务建设的支出主要来自社区向业主收取的房产税或物业税，房产增值越多，按一定比例收取的物业税收入越高，形成了"需求增长—投入增多—供给提升"的正向循环。同时，社区公共服务供给配置的"决策—反馈"链条极短，有利于及时调整配置策略保证充足供给。党的十九届五中全会强调"推动社会治理重心向基层下移"，以及"向基层放权赋能，加强城乡社区治理和服务体系建设"，也是支持这一发展方向的。

结合北京市实际来看，房产税征收推行后，优质公共服务供给带来的房产增值收益实际未能向供给方反哺，也就未能形成有效循环。未来，随着房地产税的征收，就能将税收收益用于提升公共服务配套，形成正反馈，再辅以相应的优惠支持政策，就能探索"租售同权、服务挂钩"的新形式，构建和畅通"居住—公共服务"的有效循环。

（二）推动基于财政制度变革的公共服务标准体系建设

从国际上实施基本公共服务均等化的国家来看，公共服务均等化本质上都是财政均等，即追求起点上的财政支出均等化和终点上的财政支出效果大致相同。在具体制度设计上，大多是在保证基本支出统一化的基础上，通过转移支付、协调基金等多种手段进行调节，以弥补地方间差距。在这套财政体系当中，既有横向的教育、医疗卫生、养老等领域间的平衡，也有垂直的联邦、各省、各区之间的平衡。

未来随着我国央地之间、省市之间责权利关系的进一步清晰、财权与事权进一步对等，随着现代化财政体系的构建，公共服务标准体系的建设也将加快，政府与市场之间的边界进一步清晰，政府向社会购买公共服务更加有章可循、有据可依，政府供给的基本公共服务、社会承担的普惠性公共服务和以市场为主的生活性公共服务将各自拥有更加充分的发展空间。结合北京而言，要加快首都财政现代化进程，率先推动公共服务标准体系建设，充分释放庞大的资源优势和广阔的市场优势。

（三）推动高密度大体量社区的公共服务体系探索

由于我国人多地少的基本国情和城市快速化过程中的居住用地占比结构偏低，加之土地财政带来的地方政府卖地冲动，使我国城市居住用地容积率普遍高于或接近于发达国家和地区的城市，包括日本东京、韩国首尔和中国台北地区。不仅形成了大量的高密度住宅，而且这些高密度住宅还大多集合成为单体的超大型社区，形成遍布全国，无论人口密度高低城市都大量存在的大体量单体社区，如典型的回天地区，再如贵阳市近年新建成的花果园社区，面积 10 平方公里，已入住居民 13.5 万户、40 万余人，入驻企业 6800 余家，入驻商家 13400 多家，日人流量达 80 万人次。

这类大体量高密度单体社区在全国呈现蔓延态势，所带来的诸如公共服务供需缺口大、社区自治成本高、建筑安全风险大、物业矛盾尖锐、管理难度大和社区维护更新落后等问题在未来 10~20 年社区老化之后将进入集中爆发期。北京在这些方面的问题更加提前且尤为突出。需要诸如利用居民住宅补充社区办园点、利用老旧小区闲置空间增加公共服务设施、利用功能集成满足公共服务多元需求、利用数字化智能化设备减少空间占用等创新性举措，探索在高密度大体量社区中因地制宜建设公共服务体系。

课题指导：徐逸智　王广宏
执 笔 人：刘　烨

第六章　首都生态文明现代化建设路径研究

第一节　生态文明建设是现代化建设的重要组成

加强生态文明建设是建设人与自然和谐共生现代化的应有之义。习近平总书记指出，我国建设社会主义现代化具有许多重要特征，其中之一就是实现人与自然和谐共生的现代化，注重同步推进物质文明建设和生态文明建设。人与自然是生命共同体，人类对大自然的伤害最终会伤及人类自身，这是无法抗拒的规律。曾经频发的雾霾天气告诫我们，依靠高消耗、高污染的发展模式实现现代化是行不通的。必须坚持尊重自然、顺应自然、保护自然，站在人与自然和谐共生的高度，谋划首都现代化建设，走一条生产发展、生活富裕、生态良好的文明发展之路。

北京市生态文明建设是京津冀协同发展的重要组成，是国家生态文明建设的重要组成。打赢蓝天保卫战是打好污染防治攻坚战的重点，京津冀地区又是打赢蓝天保卫战的重点地区之一，这既是国内民众的迫切期盼，也是履行办好北京冬奥会向国际社会作出的承诺。以大气污染治理为重点，推动京津冀及周边联防联控，消除重污染天气，还百姓蓝天白云、繁星闪烁，既是北京生态文明建设的重点，也是京津冀区域生态文明建设的重点、国家生态文明建设的重点。

一、北京市加强生态文明建设的背景

（一）生态环境成为制约北京实现现代化最突出的问题

生态环境问题，尤其是秋冬季雾霾多成为影响北京市经济社会发展的突出问题。2020年10月中国科学院发布了《中国宜居城市研究报告》，从公共服务设施方便性、自然环境舒适度、人文环境舒适度、交通便捷性、环境健康性和城市安全性六个维度对中国40个城市的宜居性进行评价比较，北京因为生态环境和交通便捷欠佳，排名倒数第一。

（二）生态文明建设成效与百姓期盼仍有差距

"十三五"时期，北京市污染防治攻坚战扎实推进，生态质量显著改善，PM2.5年均浓度五年累计下降53%，大气污染治理经验被纳入联合国环境署"实践案例"，二氧化碳排放总量已实现达峰。随着两轮百万亩造林绿化工程的推进，北京市森林覆盖率已达44.4%。虽然生态环境治理成绩喜人，但与国际大都市相比，差距依然显著。以PM2.5浓度为例，2020年北京PM2.5浓度为38微克/立方米，远高于东京（10.1微克/立方米）、巴黎（12.2微克/立方米）、伦敦（9.6微克/立方米）、纽约（6.5微克/立方米）[1] 等国际大都市。

二、北京市加强生态文明建设的意义

（一）以人民为中心的具体体现

良好的生态环境，直接关乎人民群众的切身利益，关乎人民群众的生活质量和水平，关系到中华民族的永续发展。人民群众对优美生态环境的需要日益凸显，热切期盼加快提高生态环境质量。重视生态文明建设是积极回应人民群众所想、所盼、所急，是落实以人民为中心理念的具体体现。

（二）首都高质量发展的应有之义

推进生态文明建设，改善生态环境对北京市高质量发展具有重要促进作用。习近平总书记提出，要正确处理好经济发展同生态环境保护的关系，牢固树立保护生态环境就是保护生产力、改善生态环境就是发展生产力的理念。改善生态环境就是发展生产力，它赋予了经济建设新的理念和目标，对经济发展方式的转变具有引导作用，为经济发展提供了新的动力支持。

---

① 资料来源：https://www.iqair.cn/cn/world-most-polluted-cities。

（三）供给侧结构性改革的重要抓手

生态文明建设要求既满足人类自身发展又不能超出自然的承载，在发展上寻求一条"高效率、高效益、高循环"的路径，达到"低消耗、低污染、低排放"的目的。生态文明建设通过进一步扩大绿色有效供给，优化资源供给结构，来促进整体经济转型升级，打造生态、低碳、绿色、增质、高效的经济发展形态，是进行供给侧结构性改革的重要抓手。

（四）做好四个服务的重要内容

"四个服务"是中央对首都工作的基本要求，也是做好首都工作的根本职责所在。大力推进生态文明建设，保障首都生态安全，严守生态控制线，着力治理"大城市病"，创造一个天蓝水绿山青的优美的城市环境，就是服务党和国家的工作大局，让百姓更有获得感，是做好四个服务的重要内容。

（五）建设国际一流和谐宜居之都的必然要求

生态文明建设为城市发展指明方向，城市发展不是盲目追求经济利益，而是人与自然和谐发展。明确方向，就能在城市发展过程中，针对性整治、治理一些发展中的不足之处，提升城市在发展过程的治理能力和治理水平。通过城市生态文明的建设与提升，居民能够在享受城市的碧水蓝天、山清水秀中学习、生活和工作，增加居民的获得感和归属感。

（六）京津冀协同发展的现实路径

北京推进生态文明建设，在大气、交通、产业结构等许多问题上都要从京津冀整体的角度进行布局与实施，必须树立区域整体意识、全局意识和系统意识。推进生态文明建设有利于加强京津冀区域交流合作，优化配置区域资源，构建区域协同发展机制，是京津冀协同发展的现实路径。

（七）实现"双碳"目标的具体举措

"十四五"时期是我国减污降碳、促进经济社会发展全面转型、实现生态环境质量从量变到质变转变的关键时期。加快建设资源节约型、环境友好型社会，摒弃损害甚至破坏生态环境的发展模式和做法，解决损害群众健康突出环境问题为重点，坚持预防为主、综合治理，强化水、大气、土壤等污染防治，着力推进重点流域和区域水污染防治，着力推进重点行业和重点区域大气污染治理，是实现"双碳"目标的具体举措。

三、生态文明建设的理论基础

（一）习近平生态文明思想

习近平生态文明思想回答了为什么建设生态文明、建设什么样的生态文明、怎样建设生态文明等重大理论和实践问题。集中体现为"生态兴则文明兴"的深邃历史观、"人与自然和谐共生"的科学自然观、"绿水青山就是金山银山"的绿色发展观、"良好生态环境是最普惠的民生福祉"的基本民生观、"山水林田湖草是生命共同体"的整体系统观、"实行最严格生态环境保护制度"的严密法治观、"共同建设美丽中国"的全民行动观、"共谋全球生态文明建设之路"的共赢全球观。

坚持人与自然和谐共生。坚持节约优先、保护优先、自然恢复为主的方针，多谋打基础、利长远的善事，多干保护自然、修复生态的实事，多做治山理水、显山露水的好事，让群众望得见山、看得见水、记得住乡愁，让自然生态美景永驻人间，还自然以宁静、和谐、美丽。

绿水青山就是金山银山。贯彻创新、协调、绿色、开放、共享的新发展理念，加快形成节约资源和保护环境的空间格局、产业结构、生产方式、生活方式，把经济活动、人的行为限制在自然资源和生态环境能够承受的限度内，给自然生态留下休养生息的时间和空间。加快划定并严守生态保护红线、环境质量底线、资源利用上线三条红线。

良好生态环境是最普惠的民生福祉。坚持生态惠民、生态利民、生态为民，重点解决损害群众健康的突出环境问题，加快改善生态环境质量，提供更多优质生态产品，努力实现社会公平正义，不断满足人民日益增长的优美生态环境需要。增强全民节约意识、环保意识、生态意识，培育生态道德和行为准则，开展全民绿色行动，动员全社会都以实际行动减少能源资源消耗和污染排放，为生态环境保护作出贡献。

山水林田湖草是生命共同体。从系统工程和全局角度寻求新的治理之道，必须统筹兼顾、整体施策、多措并举，全方位、全地域、全过程开展生态文明建设。深入实施山水林田湖草一体化生态保护和修复，开展大规模国土绿化行动，加快水土流失和荒漠化石漠化综合治理。

用最严格制度、最严密法治保护生态环境。加快制度创新，增加制度供给，完善制度配套，强化制度执行。严格用制度管权治吏、护蓝增绿，有权必有责、有责必担当、失责必追究，保证党中央关于生态文明建设决策部署落地生根见效。落实领导干部生态文明建设责任制，严格考核问责。

共谋全球生态文明建设。深度参与全球环境治理，增强我国在全球环境治理体系中的话语权和影响力，积极引导国际秩序变革方向，形成世界环境保护和可持续发展的解决方案。坚持环境友好，引导应对气候变化国际合作。推进"一带一路"建设，让生态文明的理念和实践造福沿线各国人民。

（二）生态现代化理论

1. 西方生态现代化理论

对于生态现代化理论，西方学者尚没有统一的定义和系统的理论表述，但主要核心观点有六个方面：一是经济和环境在国家科学的环境管治下可以协调发展。二是严格的环境政策与环境标准最终会提高国家经济竞争力。三是技术革新在生态现代化过程中发挥着核心作用。四是国家在环境治理与促进技术革新过程中发挥着关键作用。五是生态现代化可以重构市场与国家之间的关系。国家通过管治引导市场力量使之朝着更加有利于环境的方向发展，国家通过管治以市场为基础的管理手段实现环境目标。六是生态理性具有越来越强的独立性，生态利益越来越成为经济活动关注和考量的重要方面。

2. 我国学界对生态现代化的观点

中国科学院中国现代化研究中心主任何传启认为，生态现代化是现代化与自然环境的一种互利耦合，是相互有利、互利互惠的相互作用。第一，生态现代化是现代生态和环境意识所引发的世界现代化的生态转型。第二，生态现代化是一个长期的、有阶段的历史过程。第三，生态现代化是一场持续100多年的国际竞争。第四，生态现代化具有绝对和相对两个视角。

西方生态现代化思想重视环境治理、加快经济转型、强调科技创新，有一定借鉴意义，但由于资本逻辑而克服不了外部不经济性，坚持的污染转移策略具有环境非正义性。对比西方生态现代化核心观点，生态文明的内涵更为丰富，它关系人类整体发展的理论思考，代表着人类文明的前进方向。

北京要率先实现中国特色社会主义现代化，必须要从自身实际出发，践行习近平生态文明思想，同步推进生态文明建设和物质文明建设。

第二节　首都生态文明建设的总体思路、原则和评价指标

一、总体思路

坚持以习近平生态文明思想为指导，深入贯彻党的十九大和十九届历次全会精神，准确把握首都城市战略定位，紧紧围绕建设国际一流和谐宜居之都目标，以生态文明建设为统领，以生态环境质量改善为核心，统筹城市绿色发展和生态环境保护，突出重点领域污染攻坚，深化生态环境协同治理，着力构建特大城市生态环境精细化治理体系，为首都率先实现社会主义现代化奠定坚实的生态基础。一是减污降碳，控制总量。从源头上降低污染物排放，实施能源消费总量和能耗强度"双控"。二是科技支撑，强化协同。积极引进、消化、吸收和再创新先进清洁低碳技术，政府、企业、公众各尽其责、共同发力，强化京津冀生态协同治理。三是人民至上，依法办事。以人民群众对美好生态环境的向往作为奋斗目标，加大生态环境执法力度，持续深入开展生态文明教育，把建设美丽北京转化为全体市民的自觉行动，让习近平生态文明思想在京华大地生根发芽，开花结果，形成生动实践。

二、基本原则

坚持人与自然和谐共生，尊重自然、顺应自然、保护自然，推动构建人与自然生命共同体。一是处理好长期与短期的关系。遵循人与自然和谐共生的理念，寻求永续发展之路。在环境保护方面，应放眼长远，对环境保护就是为子孙后代造福。二是处理好全局与局部的关系。生态文明建设必须要树立整体系统观，山水林田湖草是生命共同体，要统筹兼顾、整体施策、多措并举，全方位、全地域、全过程开展生态文明建设。三是处理好重点问题与一般问题的关系。找准"十四五"至2035年时期北京生态文明建设最突出问题和长期性一般问题，抓住主要矛盾和矛盾的主要方面，做到整体谋划、重点突出、分类施策，精准发力、有序推进。

三、评价指标

为准确评价"十四五"时期至 2035 年北京市生态文明建设成就，本节在综合《中华人民共和国国民经济和社会发展第十四个五年规划和 2035 年远景目标纲要》《全国生态环境统计公报》《北京市国民经济和社会发展第十四个五年规划和 2035 年远景目标纲要》和《北京市生态环境状况公报》等文件和报告的基础上，确定"十四五"时期至 2035 年北京生态文明建设奋斗目标和评价指标体系：到 2025 年，北京市生态环境突出问题得到有效治理，基本建成蓝天、碧水、净土、减碳的生态城市，到 2035 年全面建成蓝天、碧水、净土、减碳的生态城市，具体评价指标如表 6-1 所示。

表 6-1　北京市生态文明评价指标体系

类别	一级指标	二级指标	2020 年数值	2025 年目标	2035 年目标
蓝天	大气质量	细颗粒物（PM2.5）年均浓度（微克/立方米）	38	优于国家二级标准（35）	25 左右
		臭氧日最大 8 小时滑动平均第 90 百分位浓度*（微克/立方米）	174	优于国家二级标准（160）	<130
	优良天数	空气质量优良天数比例（%）	75.6（276 天）	>80（292 天及以上）	>90（328 天及以上）
碧水	水量	北京市平原区地下水平均埋深（当年 12 月平均）（米）	22	20	16
	水质	Ⅰ~Ⅲ类水质河长占监测总长度（%）	63.8	75	90
净土	建设用地	城乡建设用地规模（平方公里）	2860	2830	2760
	耕地	耕地保有量（万亩）	>166	>170	>180
减碳	碳排放降幅	单位地区生产总值二氧化碳排放降幅（%）	>5	达到国家要求	达到国家要求
	资源利用效率	北京市可再生能源比重（%）	8	14 左右	20

注：*表示臭氧 8 小时滑动平均浓度：一天中最大的连续 8 小时臭氧浓度均值，北京市臭氧（O_3）超标通常出现在春夏（4~9 月）的午后至傍晚。

（一）指标选取原则

生态文明建设面广、点多，本节在选取评价指标时主要依据的原则：一是抓重点问题，紧扣"十四五"时期北京市生态文明建设亟待解决问题；二是抓重点问题的主要方面。重点问题也包含诸多细项，本节从每个重点问题的子项中选择具有代表性的指标作为重点问题的评价指标。

（二）指标选择与目标值确定

1. 蓝天

"十三五"时期，北京市大气治理成效显著，但是主要污染物细颗粒物（PM2.5）年均浓度和臭氧浓度仍未达到国家二级标准，大气质量依然是首都百姓最为关切的生态问题。为此，本节选取"细颗粒年均浓度"及"臭氧日最大 8 小时滑动平均第 90 百分位浓度"作为北京市大气的主要评价指标。2020 年北京市"细颗粒年均浓度"为 38 微克/立方米，参考"1 微克"行动效果初步匡算，2025 年目标设定为 35 微克/立方米，2035 年目标设定为 25 微克/立方米。2020年北京市"臭氧日最大 8 小时滑动平均第 90 百分位浓度" 174 微克/立方米，2025 年目标设定为 160 微克/立方米（国家二级标准），2035 年目标设定为小于 130 微克/立方米。

另外，为了百姓直观感受"十四五"时期北京市大气质量改善效果，本节将"全年空气质量优良天数"纳入大气质量评价指标。2020 年北京市全年空气质量优良天数 276 天，2025 年目标值 292 天，2035 年目标值超过 328 天。

2. 碧水

北京"因水丰而定都，因水缺而疏解"，水资源问题是北京生态文明建设的重要组成。为评价"十四五"时期至 2035 年北京市地下水量恢复情况，本节选择"北京市平原区地下水平均埋深"作为评价指标；2020 年 12 月北京市平原区地下水平均埋深达 22 米，参考"南水北调 5 年后北京市地下水平均回升情况①"，2025 年目标值可设定为 20 米，2035 年目标值可设定为 16 米。

当前北京市河流水质总体差于湖泊、水库②。为此，本节选择水质评价指标时选择问题最为突出的河流进行评价，选择"Ⅰ～Ⅲ类水质河长占监测总长度"作为北京市水质代表性评价指标。2020 年北京市Ⅰ～Ⅲ类水质河长占监测总长度

---

① 《"南水"润京五年：北京平原区地下水回升 2.88 米》，https：//baijiahao. baidu. com/s？id = 1650878264650592407&wfr=spider&for=pc。

② 资料来源：北京市生态环境局《2020 年北京生态环境状况公报》。

占比达 63.8%, 参考 "十三五" 时期恢复情况①, 2025 年目标值设定为 75%, 2035 年目标值设定为 90%。

3. 净土

为实现自然生态永续利用,《北京城市总体规划 2016—2035》提出坚持以资源环境承载能力为刚性约束条件, 实现城乡建设用地规模减量要求。"十四五" 时期至 2035 年是北京市落实城市用地规模减量发展的关键时期, 本节选择 "城乡建设用地规模" 作为减量发展评价指标; 按照《北京城市总体规划 2016—2035》, 2020 年北京市城乡建设用地规模下降至 2860 平方公里, 2035 年下降至 2760 平方公里。

与此同时, 为充分发挥北京市农业生态功能, 坚决落实最严格的耕地保护制度, 本节将 "耕地保有量" 纳入评价指标。2020 年耕地保有量不低于 166 万亩, 随着解决制止耕地 "非农化" 政策的深入推进, 2025 年北京市耕地保有量目标值设定为 170 万亩, 2035 年力争达 180 万亩。

4. 减碳

2012 年北京碳排放已达峰值, "十四五" 至 2035 年期间是北京市实现碳中和的关键时期。为客观准确评价北京市降碳成效, 本节选取 "单位地区生产总值二氧化碳排放降幅" 作为评价指标。2020 年北京市单位地区生产总值二氧化碳排放降幅超过 5%, 2025 年以及 2035 年目标均为达到国家要求。

另外, 利用可再生能源替代化石能源降低化石能源消费总量是实现减碳的有效途径。为此, 本节选择 "北京市可再生能源比重" 作为衡量减碳成效的另一个重要指标。2020 年北京市可再生能源比重为 8%,《北京城市总体规划 2016—2035》提出 2025 年北京市可再生能源比重目标为 14% 左右, 2035 年目标为 20%。

第三节　首都生态文明建设的重点问题

当前, 北京市生态问题依然突出, 大气细颗粒物年均浓度、臭氧浓度依然超

---

① 资料来源: 北京市生态环境局《2020 年北京生态环境状况公报》, 与 2015 年相比, 2020 年北京市河流 Ⅰ~Ⅲ类比例增加了 15.8 个百分点。

标，地表河流水质相对较差，部分农地和林地生态功能退化，与百姓期盼的"蓝天、碧水、净土、低碳"的生态文明城市仍存在较大的差距。

一、蓝天保卫战进入攻坚期

（一）汽车尾气排放压力突出

机动车污染物排放量与机动车保有量的变化密切相关。截至 2020 年底，北京市机动车保有量为 657 万辆，较 2015 年增长 16.9%，保有量中新能源车占比仅为 6.1%。机动车尾气中包括的 VOCs、NO_x 等污染物是 PM2.5 中二次有机物和硝酸盐的"原材料"，VOCs 和 NO_x 在高温、日照充足、空气干燥条件下进行光化学反应也会生成臭氧。同时，机动车行驶对道路扬尘排放起到了"搅拌器"的作用。随着燃油机动车保有量继续增长，机动车污染物排放量将逐年增加，机动车污染问题将会更加显著。

（二）产业污染物排放不容忽视

根据 2021 年 9 月北京最新一轮的细颗粒物（PM2.5）来源解析，工业源占本地排放贡献的 10%，其中石油化工、水泥建材等排放挥发性有机物（VOCs）工业行业的贡献较为突出。VOCs 不仅本身具有较强毒性，是空气中的一次污染源，而且还是 PM2.5 和臭氧生成的重要前体物，造成光化学烟雾等二次污染，可谓隐身于它们背后的"杀手"。

（三）扬尘污染问题突出

近年来，北京市建筑开复工面积保持在 2 亿平方米左右，2019 年各类施工工地约 3132 个，各类道路总里程约 29463 公里，裸地约 500 平方公里[①]，点多、量大、面广，易产生扬尘污染，这是造成 PM10 污染的重要因素。

（四）周边地区污染传输影响较大

天津和河北地区产业结构偏重，能源结构以煤为主，运输结构以公路为主，水泥、钢铁、炼油、石化等高污染企业数量多、规模大，燃煤总量大，对北京空气污染有较大影响。根据北京市 PM2.5 来源解析研究成果，区域传输约占北京市全年 PM2.5 主要来源的四成，且随着污染级别的增大，区域传输分担率呈上升趋势，特别是重污染日（PM2.5 日均浓度>150 微克/立方米）区域传输平均占

---

① 资料来源：《北京日报》，https://baijiahao.baidu.com/s? id = 1631030460437626965&wfr = spider &for = pc。

比超过六成。

（五）地理气象条件不利于污染物扩散

北京市地处华北平原西北端，三面环山，只有东南方向是平原，地形呈典型的"簸箕状"，不利于大气污染物扩散。一年中约有1/3的气象条件不利于污染物扩散，易形成重污染。同时，北京是个内陆特大城市，为半湿润半干旱气候，降水量少，不利于大气污染物沉降。

二、水资源、水环境、水生态存在短板

（一）水资源治理难点集中于增调水量、填地下漏斗

一是南水北调入京水量存在需求缺口。2016~2019年，南水北调北京受水量保持在8亿立方米以上，4年间北京年平均受水量为8.7亿立方米。按2019年情况测算①，把南水北调北京受水量算在内，北京人均水资源量为152立方米，远低于国际公认的500立方米的极度缺水警戒线，离《北京城市总体规划（2016年—2035年）》提出的2035年人均水资源量220立方米的目标也存在较大差距。二是地下漏斗修复较慢。由于历史上长期持续进行地下水超采，与1980年初相比，地下水位下降了近20米，储量减少了近90亿立方米。1999~2014年，北京超采的地下水超过56亿立方米，地下水埋深度从11.9米下降到近26米，平均1年下降近1米，形成了1000平方公里的地下漏斗区，漏斗区主要分布在朝阳黄港、长店至顺义米各庄一带。南水进京后，2015年地下水位16年首次回升，2015~2019年整体回升速度大体为0.8米/年，相对于北京水资源禀赋与用水情况，完全修复地下漏斗区时间较长、难度较大。

（二）老城雨污合流溢流污染、农业工业污染、农村地区污水处理设施与管理不完善问题仍然存在

一是老城雨污合流溢流污染相对严重。老城地下市政基础设施存在建设年代久远，管线繁乱复杂，更新改造困难等问题，尤其是老城排水系统，历史上以合流制排水为主。大部分平房胡同区仍以合流制排水为主，从胡同接入市政道路的管道存在错接或混接情况，造成整个排水系统雨污分流不完全（实质上仍为合流）。在雨季，排水系统雨污合流水经常发生溢流，污染周边和下游河道。二是

---

① 2019年，北京人均水资源量为114立方米，全年水资源总量为24.6亿立方米，南水北调北京受水量为8.1亿立方米。

农业面源污染、工业废水不仅污染地表水也污染地下水。受不当的农业污水灌溉法、农药化肥大量使用和累积，以及密云工业开发区、雁栖工业开发区、潮白河和怀河两个污水处理厂等影响，潮白河下段是V类水质，怀河是Ⅳ类水质，运潮减河是Ⅳ类水质，通州局部地区地下水存在氨氮、硝酸盐氮等污染物超标现象，密云、怀柔、顺义局部地区地下水存在硝酸盐氮超标现象。三是农村地区污水处理设施建设与管理不到位。远郊区农村污水处理设施覆盖率偏低，比如延庆农村污水处理设施建设滞后，覆盖率尚未达到50%（截至2020年）。部分农村地区污水处理工艺单一、设备陈旧老化、效率低，密云、怀柔部分农村地区污水处理设施经常因来水不足、污水结冰而停运。农村污水处理设施运维和监控机制不完善，部分已建污水处理设施运维和监管缺失。

（三）水生态存在水量不足、生态治理协同机制不健全、要素布局管控不到位的问题

一是水生态系统水量不足。部分河道水源不足，水面静止或干枯，失去了河道水体的流动性，生态基流难以保证，如平谷泃洳河流域长期断流。河湖生态用水与流量不足，生活生产用水挤占河湖生态用水，导致主要河湖生态用水和生态流量不能得到充分保障，北京非汛期无水河长3797公里，占59.2%。实现"有水的河""生态的河"还要做大量工作。二是流域生态治理协同机制不健全。五大水系跨流域执法成难题，流域管理以行政区域为主，全流域跨界管理较难实现；跨区域生态补偿较难落地，横向补偿涉及多地不同层面政府部门，牵扯利益主体较多；同一行政区域内不同部门间尚未形成合力，存在工作目标等方面的分歧。三是河湖生态要素布局管控不到位。河湖管理保护范围、水源地等水生态空间尚未建立有效的管控制度和约束机制，河湖生态空间中不同生态要素的布局尚不合理、配置关系不协调。

三、减污降碳仍需付出艰苦努力

（一）能源的刚性需求依然较高

随着北京市经济社会快速发展，能源刚性增长需求依然较高。一是第三产业和居民生活能耗占比逐年增长。用能主体呈现出"点散面广"的特点，2019年第三产业和生活领域能源消费总量分别较2015年增长13.6%和9.0%，明显高于北京市平均增幅，能源消费总量控制面临较大压力。二是机场耗能将会逐步攀升。一架飞机起落要消耗4吨左右燃油，2018年首都机场起降61万架次，随着

大兴机场运行及新冠肺炎疫情影响逐步消退，北京的飞机起降架次将逐步攀升，将带来燃油消费量的大幅增加。

（二）绿色低碳前沿技术攻关和应用发展较慢

储能、氢能与碳捕获、利用与封存等碳中和核心技术研发应用不足。比如，大容量储能电池、高温热泵等新技术储备不足，国产单体电池稳定性和均一性与美国和日本企业存在较大差距，北京电化学储能装机规模未进入全国前十，高能耗、高成本、高不确定性制约了碳捕获、利用与封存技术的大规模应用。

（三）碳交易市场化程度有待提高

一是北京碳市场仅限于现货交易，期货交易发展滞后。与此相对，欧美国家碳市场中现货交易比例仅为2%，大部分为碳的金融产品交易，包括期货、期权、质押贷款、债券、国际碳保理融资、碳收益支持票据等。二是北京碳市场成交均价为91.81元/吨，虽然居全国第一，但显著低于欧美等成熟碳市场成交价格。2020年底，欧盟、新西兰、韩国碳市场的交易价格分别为254元/吨、174元/吨、137元/吨。三是北京碳市场交易主体较为单一，仍以控排企业为主，碳市场的金融属性尚未凸显出来。欧盟碳市场不仅包括有排放需求的能源和工业企业，还包括银行、私募基金等金融机构。

四、农地和林地生态功能尚未充分发挥

（一）耕地出现撂荒，生态功能下降

大规模城市建设、农业结构频繁调整，导致北京生态空间割裂，大尺度、连通性不够。其中，耕地划分零散，部分出现撂荒，形成生态斑点。耕地撂荒不仅造成了耕地资源浪费，还会导致耕地营养流失，土壤硬化，地力下降，良田变成不可耕种的土地，对生态健康产生威胁。出现撂荒的原因主要有三点：一是农业生产比较效益低，农村年轻劳动力不愿意耕种，农业劳动力出现断层。二是耕地零星分布、地理位置相对偏僻、土地瘠薄、管理不便，机械化程度低，耕种难度大，产出低。三是农业向非农业产业转移的人口越来越多，转移后家中的土地根据肥力好坏，部分进行了合理流转，部分出现撂荒。

（二）林地管护不当和污染叠加，林地土壤质量出现下降

一是由于过度清理林地的枯落物、修剪剩余物，导致枯枝落叶还林率低，有机质流失加剧。北京市林地、绿地土壤有机质含量总体偏低，表层土壤的有机质含量不足1%（自然土壤平均可达4%）。土壤物质循环缓慢，造成林地土壤有机

质含量呈递减趋势。二是建筑垃圾的倾倒、融雪剂的使用等因素，进一步导致土壤板结、密实、不通透，甚至造成土壤表层盐渍化和裸露沙化。

（三）人工造林多，生态系统稳定性差

经过数十年的人工造林，北京市生态建设的空间格局基本确立，但人工造林的生态稳定性较差。一是北京市大部分森林资源都是近 30 年营造的人工林，尚未形成规模化的复层异龄混交结构，70% 处于功能亚健康状态，蓄积量仅为 33 立方米/公顷，仅为全国平均水平的 1/3，森林生态系统的水源涵养、水土保持和生物多样性保护等生态功能发挥不足。二是城市绿地系统的类型和空间分布不均衡，城市绿地建设存在过度园林化倾向，在植物选择、养护方式上对生态效应和生物多样性维护的考虑不足，综合生态功能相对较低。三是春季多飞絮，冬季少青绿。由于 20 世纪北京市人工种植的大量杨柳树进入壮年，每年春季杨柳飞絮持续 40 多天；由于人工绿化树种阔叶林比重高、针叶林比重低，导致冬季自然景观单一，绿量不足，彩叶难寻。

第四节　首都生态文明现代化建设的路径建议

一、加强协同，增强蓝天幸福感

以大气细颗粒物治理为重点，强化臭氧协同控制，持续优化交通结构、产业结构，促进区域协同绿色发展，强化政策保障和科技引领，不断增强首都人民群众的蓝天幸福感。

（一）优化交通出行结构，大力发展新能源汽车

大力发展公共交通系统，打造轨道交通、地面公交、自行车和步行系统协调发展的绿色出行网络，加强慢行系统建设。严格控制核心区和城市副中心的机动车保有量，针对不同区域、不同时段实施不同方式、不同标准的差别化交通需求管理措施。鼓励市直机关和各企事业单位优先采购纯电动汽车，提倡专用车（含电力、电信、邮政、环卫、物流等）及其他客车（含旅游、通勤等）在新置及更新时采购新能源汽车。

（二）优化产业结构，强化产业污染治理

严格控制 VOCs 排放重点行业的项目准入，推进低 VOCs 原辅材料源头替代，严格落实北京市建筑类涂料与胶粘剂和国家胶粘剂、车辆涂料、工业防护涂料、油墨等产品 VOCs 含量限值标准。研究制定个人护理产品、涂料等主要生活消费品的 VOCs 含量限值标准，引导公众绿色消费。对炼油石化、化工、汽车制造、工业涂装等 VOCs 排放重点行业企业开展"一厂一策"专项治理。

（三）夯实扬尘长效管控机制

制定施工扬尘的污染排放标准和环境监测技术规范，建立施工工地在线监测、评价、考核、通报的管理体系，并将考评结果纳入行业环保信用管理，倒逼建筑施工单位落实主体责任。稳步发展装配式建筑，促进北京市建筑产业转型升级。深入推行绿色施工，推广拆迁、拆违、施工建设、装修等项目高围挡、封闭化作业方式。加强园林绿化裸露地生态治理工作，推广完善保护性耕作技术模式，抑制季节性裸地农田扬尘。追踪违法建设拆除、低端产业疏解腾退过程中可能产生的裸露地面，强化土地所有权（使用权）人和属地街道乡镇政府的扬尘治理责任。

（四）推动大气区域协同治理

推动区域交通一体化。建立功能完善、衔接紧密、保障有力的城市群综合立体交通等现代化设施网络体系。积极推动区域绿色交通体系建设，配合建设高效密集的城际铁路网，构建以轨道交通为骨干的多节点、网络化交通格局。推动京津冀及周边地区运输结构调整工作，加快推进区域货物运输"公转铁"，减少公路运输污染排放。加快区域产业转型升级，落实京津冀产业转移指南，充分发挥中关村国家自主创新示范区的引领支撑、辐射带动和创新示范作用，推动区域产业升级转移。

二、聚焦"调、填、净"，加强水资源、水环境、水生态治理

围绕多调水、填漏斗，治污水、提水质，强协调管控、优水生态，完善水资源、水环境、水生态治理。

（一）多调水、填漏斗

一是抓好南水北调配套工程建设。按照"确有需要、生态安全、可以持续"的原则，协助做好《南水北调工程总体规划》实施情况科学评估与后续工程规划设计。规范开展南水北调配套工程建设管理，逐步建设形成"四条外部水源通道、两道输水水源环线、七处战略保障水源地、分级调蓄联动共保、水系湖库互联互通"的城乡供水格局,争取从中线增加受水量。加强输水管线和自来水厂建设,让更多百姓喝上南水。二是谋划官厅水库首都第二战略水源地建设。以《北京城市总体规划(2016年—2035年)》提出的2035年恢复官厅水库饮用水源功能为目标,科学推动从防洪为主向防洪、供水、生态涵养等综合功能转变,加强人工干预,实施科技提升水质工程和上游、库区周边和库区内源污染治理及河道清淤工程,创新跨流域生态补偿机制建设,充分挖潜官厅水库生态功能与价值,整体性谋划建设首都第二战略水源地,提高首都水源安全度。三是加速修复地下漏斗区。在完善地下水压采策略的基础上,制订农业生产结构与种植制度优化方案。加强开展地下储水池建设、河道回灌、沙坑回灌等工程。加强开展地下水开采远程监控与综合治理计量监控。

(二)治污水、提水质

一是强化农村污水处理设施建设与治理。加强远郊区、城乡接合部、水源地周边村庄、民俗旅游村庄、人口密集村庄、山区等地污水管网等污水、污泥处理设施建设以及工艺装备改造提升。加快推进农村高规模化畜禽养殖场污染防治设施建设。深化应用大数据、物联网、云计算等新一代信息技术,增强农村污水处理设施运维和监控专业化、高效化,健全农村污水处理设施长效运管机制。二是加强雨污合流溢流治理。以核心区为重点,在中心城区加快推进初期雨水、合流制溢流污水调蓄设施建设。大力实施雨污混接改造项目。对于改造难度非常大的点位,因地制宜设置小型污水处理设施就地处理溢流雨污水,加强对源头排出的雨污合流水进行截流等控制。三是健全农业面源污染监督机制。加密布设农业面源污染监控点,重点在大中型灌区、有污水灌溉历史的典型灌区进行农田灌溉用水和出水水质长期监测。四是深入落实河长制湖长制。持续推动河长制湖长制工作重心下移,着重加强重点区域、企业落实河长制湖长制,压实河湖长"巡、盯、管、督"履职责任,强化源头防控、溯源治理、水岸共治。

(三)强协调管控、优水生态

一是提升水生态空间生态要素管控水平。推动制订和落实水生态空间管控规划和水要素规划,全面加强河湖空间保护与管控,建立精准科学的流域生态环境空间管理体系、责任管理体系,推动不同区域制定差别化的流域性环境标准和管控要求,健全水生态监测评价体系。二是修复河湖水系。强化西山永定河、大运河、长城文化带保护利用,实施永定河、北运河、潮白河、拒马河、泃河等重点流域综合治理与生态修复，有序推动历史水系恢复工程。加强多方协作，推动引黄工程向永定河生态补水常态化。加大再生水对河道生态补水力度。以流域为单元，加强江河湖库水量和水质管理，合理安排重要断面下泄水量，维持河湖合理生态用水需求，重点保障枯水期生态基流。加强落实《永定河综合治理与生态修复实施方案》等河湖水系连通修复方案，改善河流上下游连通状况，保障河湖生态流量，提升河湖生态功能。三是完善部门协调机制。深化机构改革，合理划分部门责权，划清职责边界，厘清不同部门交叉领域工作职责中的模糊事项。充分发挥永定河协调领导小组统筹协调作用，促进部门间协同发力。四是健全生态补偿机制。将水量、水质、流域周边地区行为管控作为考核依据，建立生态保护绩效评估制度、生态保护补偿监督考评制度、生态环境损害赔偿制度。结合经济形势、市场行情等因素，建立科学的生态服务价值评估体系。探索排污权交易，推动生态补偿机制市场化。

三、多措并举，推进减污降碳

以经济社会发展绿色转型为引领，以能源绿色低碳发展为关键，以碳中和技术研发应用为支撑，深入实施绿色北京战略，构建多能互补、清洁低碳、安全高效的能源体系，多措并举推动减污降碳。

（一）加快推进清洁能源利用

推进剩余农村地区村庄及农业生产和公共设施清洁能源改造。进一步淘汰老旧柴油车辆，优化存量柴油车结构，持续推动公转铁，推进汽柴油消费减量化。加快分布式光伏在各领域应用。在北京城市副中心、北京大兴国际机场及临空经济区等新建重点功能区大力推进地热及热泵应用。在风能资源丰富的延庆、昌平等地区推进风能发电及风光互补发电。提高城市生活垃圾资源综合利用，加快推进安定循环经济园、顺义生活垃圾焚烧发电三期工程建设。以张北柔性直流电网示范工程为契机，加大外调绿电。

（二）提升能源利用效率

推进绿色机场建设。使用新能源进行地勤保障。提升机队燃效水平，降低航油消耗。持续推进航空器节油改造，完善飞行与维修程序，提升燃油效率，选用低排放、飞行效能高的新型飞机，使用清洁燃料、可替代燃料等。大力推广超低能耗、近零能耗建筑。在供暖、空调、交通、工业等主要耗能行业大力推动节约能源、提升能源效率。

（三）加强碳中和核心技术协同攻关

鼓励企业联合科研机构、高校等建立碳中和技术创新联盟进行碳中和核心技术攻关，分类、分区开展碳中和技术科研攻关，强化颠覆性技术突破与战略技术储备，开展低碳、零碳、负碳攻关，推进高效率太阳能电池、可再生能源制氢、可控核聚变、零碳工业流程再造与碳捕获、利用与封存等低碳前沿技术攻关，提升气候变化成因及影响、生态系统碳汇、碳减排等基础理论和技术创新水平。

（四）深化碳中和技术区域间和国际合作

围绕京津冀碳中和发展实际需求，促进企业、孵化器等联合开展技术研发、创业孵化、成果转化等合作。支持北京市绿色技术企业，发挥技术专长，对京津冀区域实施节能技改、清洁生产等项目给予支持，共同推动区域绿色低碳发展。推广碳中和技术创新典型案例，通过科博会、中关村论坛、中国国际服务贸易交易会、"一带一路"节能环保贡献合作平台等促进碳中和技术走向国际。用好用足"两区"政策，鼓励国外碳中和技术成果在京转化落地。

（五）健全碳市场运行机制

借鉴国际碳市场成熟经验，推进碳金融业务创新，积极探索碳金融期货产品，支持碳基金、碳债券、碳保险、碳信托等金融创新。持续完善碳定价机制，激发碳市场交易活力。逐步扩大碳市场交易主体范围，适时增加符合交易规则的投资机构和个人参与排放权交易。做好碳市场和银行系统的对接，鼓励金融机构、碳核算及碳资产管理公司等第三方中介机构参与市场交易。积极推动全国核证自愿减排量交易中心（CCER）建设，争取全国用能权交易市场在京发展。

四、净化农林土壤，提升生态功能

划定并严守生态保护红线、耕地和基本农田，调整优化农地、林地、绿地布局，重构自然保护体系，推动由造林绿化向生态系统的恢复重建转变，持续提升土地生态功能。

（一）制订复耕方案，推进撂荒地复耕

一是加快撂荒地整理，制订复耕方案，推进撂荒地复种工作。压实"田长制"，制订"一地一策"复耕计划，规划种植品种，根据实际情况安排农户种植、村集体种植或镇级统一开展种植，实现撂荒地块应种尽种、能种尽种。二是完善土地流转扶持政策，从政策、技术、资金等方面加大对土地使用权所有人的倾斜力度，激发耕种意愿，实现土地复垦。三是强化农田水利设施建设，推进高标准农田建设，提高耕地质量，解决撂荒土地农业生产设施落后的困扰与约束。四是加大农资、农机尤其是小型化农机的补贴力度，提高农业生产机械化水平，切实降低农业生产强度，发挥北京市消费市场大的优势，鼓励撂荒地开展蔬菜生产，使农业生产经营者有利可图，提高农民的生产积极性。

（二）改善林地土壤质量，夯实林业发展基础

一是有效利用落叶，提升林地地力。对于远郊平原区和山区森林，保留林下天然生长的地被和落叶不进行清理，自然腐烂回归土壤，创造微生物生境，实现养分循环；有效利用修剪剩余物，通过堆肥腐熟还林，提升林地有机质。二是减少化肥、融雪剂使用量，减少土壤污染。三是开展以林地绿地系统营建和管护为依托的，集园林绿化废弃物利用、特定微生物施用、特定植物根系分泌物、菌根施肥和超富集植物应用等城市土壤系统质量提升和污染修复技术模式研究与技术示范。

（三）由造林绿化向生态系统的恢复重建转变

一是推进人工造林模式的转变。由人工单一种植向复层、异龄、混交、乔灌草结合的配置模式转变，采用自然式散点栽植方式，形成层次丰富、错落有致的近自然植物群落。加强对密度过大、树种单一的林地结构调整，降低种植密度，改善林内光照环境，单株抚育大树，提升树种多样性。二是因地制宜地选择绿化树种。根据北京市的土壤、海拔、降水、经济和功能类型需求，合理配置常绿树种、灌木和草本地被植物及彩叶树种，有序替换成年杨柳树。三是重视生物多样性保护。在绿化工程建设中注重树木与动物间的依存关系，遵循城市森林层次结构，促进自然和城市的连通与融合，为动物提供食源和栖息地，保证物质和能量的流通与交换。

课题指导：徐逸智　王广宏

执 笔 人：马晓春　马国鑫　高　瞻

第七章　以和谐宜居为目标
推动首都城市现代化建设

第一节　首都城市现代化的理论基础及相关论述

城市现代化是现代化在城市这个特定空间的反映。本章以广义城市现代化概念为基础，以空间为载体，侧重从人、地、房三大要素，规划、建设和治理三大环节研究北京的城市现代化问题。北京的城市现代化进程本质上是从中国特色社会主义大国首都向中国特色社会主义强国首都迈进的过程，应具有更高标准，更好地发挥在全国乃至全球现代化进程中的引领示范作用，运用现代化手段破解超大城市治理难题，展现大国首都风范。

一、城市现代化是现代化在城市空间的反映

（一）广义和狭义城市现代化概念

现有研究成果中对城市现代化的概念界定可分为广义和狭义两类。广义的城市现代化所涵盖的范围基本等同于现代化。汪同三提出，中心城市现代化应该是经济发展、社会进步、生活水平、可持续发展四个方面的现代化①。吴定海提出，城市现代化是指在工业化和科技创新的带动下，城市的基础设施、经济发

---

① 汪同三．构建城市指标体系要充分体现可持续发展的原则［J］．市长参考，2001（06）：6.

展、生活质量、城市文明、民主法治、生态建设以及人的现代化向现代转型的过程①。狭义上的城市现代化概念通常结合具体研究领域进行界定。朱铁臻从城市建设的角度提出，狭义的城市现代化主要是指城市建设的现代化②。杨青、张莉萍从社会发展的角度提出，城市现代化是指在城市化的基础上，城市经济、社会以及居民的生活方式和生存环境等由传统社会向现代社会发展的历史转变过程③。袁昕从城市运行的角度提出，城市现代化不仅包括城市作为空间载体的物质环境现代化，更主要的是城市作为社会有机体的运行机制现代化④。

（二）城市现代化是现代化在城市这个特定空间的反映

城市有军事防御上的"城"和经济上的"市"两种起源。现代城市最本质的特征就是各种要素的空间聚集⑤。国家标准《城市规划基本术语标准》（GB/T50280—98）中对"城市"的定义为"非农牧业，以二、三级产业人口为主要居民时，就称为城市"⑥。世界银行《世界发展报告 2009》中以人口规模、人口密度和道路出行时间为标准界定"城市"。

关于"城市现代化"与"现代化"的关系，既有研究成果从不同角度进行了阐释。杨重光提出，城市现代化是特定的城市空间的现代化，是以设市城市的城区为地域范围，或者说是以城市的规划区为对象的⑦。陈柳钦提出，城市现代化是现代化在一个特定空间地域上的投影⑧。袁昕认为，城市现代化不仅包括城市作为空间载体的物质环境现代化，更主要的是城市作为社会有机体的运行机制现代化，二者的有机结合赋予城市更多功能，能够更好地满足人类社会进步的需求。

（三）本章中对城市现代化的界定和研究重点

本章基于广义的城市现代化概念，从多维度展开北京城市现代化问题研究。

---

① 吴定海. 深圳密码：迈向社会主义现代化强国的城市范例 [M]. 北京：中国社会科学出版社，2020.

② 朱铁臻. 城市现代化指标体系设计 [J]. 南方经济，2001（08）：14-18.

③ 杨青，张莉萍. 城市现代化指标体系研究 [J]. 商业研究，2005（22）131-133.

④ 袁昕. 我国城市现代化主要发展趋向 [EB/OL]. http：//theory. people. com. cn/n1/2016/0221/c40531-28137051. html，2016-02-21.

⑤ 高晓路等. 中国城市问题 [M]. 北京：科学出版社，2016.

⑥ 中华人民共和国国家标准城市规划基本术语标准（GB/T50280—98）[M]. 北京：中国建筑工业出版社，1999.

⑦ 杨重光. 中国城市现代化战略研究 [J]. 理论与现代化，2004（04）：9-14.

⑧ 陈柳钦. 城市现代化及其指标体系新框架 [J]. 中国市场，2010（37）：72-81.

同时，作为首都现代化系列研究的一部分，在广义城市现代化的基础上，相对侧重于从人、地、房三大要素和规划、建设和治理三大环节的角度开展研究，着重体现城市作为现代化的空间载体的作用。力求围绕为适应人口结构变化和满足人的需求，城市形态和用地布局应该怎样调整，城市空间如何承载更多的高端要素，城市基础设施和公共服务设施如何更好地支撑宜居宜业进行指标体系设计和开展相关研究。

二、北京作为大国首都的城市现代化特点

北京的城市现代化，本质上是从中国特色社会主义大国首都向中国特色社会主义强国首都迈进过程的现代化。北京的现代化建设要体现首都对国家现代化的引领示范作用，体现超大城市对高端要素的承载作用，是具有鲜明中国特色的城市现代化。

（一）首都城市现代化是比国家现代化更高标准的现代化，对全国具有引领示范作用

习近平总书记视察北京并发表重要讲话，指出建设和管理好首都，是国家治理体系和治理能力现代化的重要内容，北京城市规划要深入思考"建设一个什么样的首都，怎样建设首都"这个问题。党的十九大提出了全面建成社会主义现代化强国的目标，北京作为中华人民共和国首都，其现代化过程本质上就是从中国特色社会主义大国首都向中国特色社会主义强国首都迈进过程的现代化。

首都城市现代化体现在落实"四个中心"，做好"四个服务"，抓住疏解北京非首都功能的"牛鼻子"，把握好"都"与"城"、"舍"与"得"、疏解与提升、"一核"与"两翼"的关系，高效配置生产、生活和生态空间。

首都城市现代化标准应高于国家。从世界发展历史来看，城市地区的现代化程度普遍高于非城市地区。首都城市现代化标准更应高于国家。《北京市国民经济和社会发展第十四个五年规划和二〇三五年远景目标纲要》中提出到2035年率先基本实现社会主义现代化的目标。北京在城市现代化的道路上必然要先人一步。

首都城市现代化要体现对全国现代化的示范、引领作用。要吸取发达国家城市建设的经验和教训，在综合平稳协调人、地、房三要素的基础上，努力运用最先进的技术和理念，高水平地规划、建设和治理城市。应率先实现城乡融合发展，体现以人民为中心，探索出具有中国特色的城市现代化发展之路。

　　首都城市现代化应该率先实现城乡统筹。马克思曾经指出，现代的历史是乡村城市化而不是像古代那样，是城市乡村化①。北京作为超大城市，具备经济上"大城市小农村"、空间上"大郊区小城区"的特点，应当紧扣首都城市功能定位，着力推进具有首都特点的乡村振兴，探索建立并完善能够支撑城乡统筹发展的新型城市形态。

　　（二）与一般城市现代化相比，首都城市现代化需要从更多视角考量

　　世界各国首都城市大致可划分为复合功能型和单一功能型两类，约80%的国家首都是复合功能型，为资源高度集中的政治、经济、文化等综合中心②。国际典型首都城市具有综合实力较强、文化资源丰富、国际高端要素聚集、科技创新能力强等特点③。北京作为大国首都，城市现代化水平应高于全国和一般城市，同时还应从更广泛的维度考虑，体现首都城市的特殊功能，比如对政治、国际交往等功能的空间支撑，更好的服务标准，更高的城市安全要求，引领全国乃至全球现代化发展趋势等。

　　（三）北京的城市现代化要着重解决大城市病问题，破解超大城市治理难题

　　城市发展到一定规模后，具有城市功能的高度综合性、城市规模的强烈扩张性、外来人口的无序流动性、城市运行的安全脆弱性、城市问题的严峻复杂性等特点④。姚月、罗勇总结出国际大都市7个现代化特征：繁荣富裕、充满活力的城市经济，精明增长、精致建设的城市空间，多层次、广覆盖的社会民生保障，丰富多彩、富有特色的文化氛围，舒适宜人、和谐共处的生态环境，绿色智慧、承载力强的基础设施，包容开放、精细化的城市治理⑤。超大城市因人口多、规模大普遍存在交通拥堵、环境污染等"大城市病"。北京作为超大城市也深受"大城市病"困扰，应用现代科技和先进理念在规划、建设、治理三个环节更好破解超大城市治理难题，克服"大城市病"是现代化进程中的重要任务。

————————

　　①　林学达．北京城市副中心探索与实践［M］．北京：中国言实出版社，2013．
　　②　徐颖．大国首都城市的功能优化与现代化治理经验与启示［A］//新常态：传承与变革——2015中国城市规划年会论文集（12区域规划与城市经济）［M］．北京：中国建筑工业出版社，2015．
　　③　贺菁伟：国际首都城市特色功能建设经验及启示［J］．中国统计，2020（03）：70-72．
　　④　杨松．正确认识和把握首都城市发展的特点和规律［J］．城市管理与科技，2016（2）：21-23．
　　⑤　姚月，罗勇．论现代化城市建设的评价体系与"因城施策"［J］．规划师，2019（4）45-50．

第二节 首都城市现代化的评价指标体系设计

一、人、地、房发展趋势——首都城市现代化研究的基础

现代化是一个动态发展的过程，其评价指标的选择应当与时俱进、因地制宜。基于前文对本书中城市现代化的概念界定和研究侧重点，指标体系设计立足于高标准、多维度，以建设国际一流的和谐宜居之都为主线，着重从人、地、房三要素和规划、建设和治理三环节体现城市的现代化空间载体作用。指标的目标值设定、主要问题和政策建议均以首都人、地、房的发展趋势为基础进行研究。

以人民为中心是城市现代化的核心。现代化城市的规划、建设和治理都应围绕人的需求进行，体现以人为本。在 2021～2035 年这一阶段的城市现代化进程中，北京人口总量增长压力较小，但人口年龄结构和空间分布变化较大。据国家发改委宏观院预测，在当前政策约束下和人口变动趋势下，高中低方案预测的总人口规模到 2050 年都不会超过 2300 万人。但少子化、深度老龄化、高龄化叠加特征明显。老龄化率稳步上升，预计 2025 年将超过 24%，与东京水平相当，2025 年和 2035 年 80 岁及以上老年人口将分别达 80 万人和 140 万人。5 岁及以下人口将呈现持续下降趋势，6～11 岁人口预计在 2024 年达到峰值，12～14 岁人口预计在 2030 年达到峰值[1]。从人口空间布局来看，城市发展新区将成为人口市域疏解的主要承载地，核心区人口总量和占比双下降。但中心城区老年人外迁意愿较低，老龄化速率高于北京市平均水平。

土地是最基本的生产要素，也是城市现代化的空间载体。《北京城市总体规划（2016 年—2035 年）》明确提出，到 2035 年北京市建设用地总规模控制在 3670 平方公里左右，压缩生产空间规模，适度提高居住及其配套用地比重，到 2035 年职住用地比要从现状 1∶1.3 提高到 1∶2 以上。如何以有限的土地资源支撑首都现代化成为当前亟待解决的问题。

---

① 北京市经济与社会发展研究所：遵循规律紧抓机遇善破难题开启首都社会主义现代化新征程——北京市"十四五"规划思路研究报告。

住房是联结人口与土地、统筹发展与民生的重要节点。住房成本高是大城市的共性。结合发达国家的城市住房发展史来看，随着城市现代化进程，住房建设从致力于增加数量到追求质量和性能，住房体系逐渐多层次和多元化，日益注重居住配套设施，更加追求绿色和智能。但符合城市现代化需求的住房建筑类型和住房保障方式需依国情而定，并非单一标准。

二、基于广义城市现代化的评价指标体系研究综述

我国研究者提出的城市现代化的评价指标体系多以实证研究为目的设计。姚士谋、汤茂林于1999年参照国内外有关标准构建的中国城市现代化指标体系是较早的研究成果①。中国城市发展研究会主办的《中国城市年鉴》（2000年本）提出了由经济发展、人口素质、生活质量、环境保护、基础设施五大类、30项指标构成的城市现代化指标体系。姚月、罗勇提出经济现代化、空间形态现代化、社会发展现代化、文化现代化、生态环境现代化、基础设施现代化和城市治理现代化7个一级指标，将50个三级指标分为核心指标和非核心指标2类，对每一个指标设立了广东省"基本实现现代化"和"完全实现现代化"的目标值②。王桂芹等运用AHP法纵向评价长沙近期（2022年）、远期（2030年）城市现代化实现程度③。

三、本章的指标选取原则

一是过程导向和结果导向相结合。现代化是一个动态概念，本身既是过程也是目的。在实现现代化的过程中，目的和手段也并非泾渭分明，比如城市功能疏解，既是特定时期的目的，也是实现北京城市现代化的必要手段。因此，本章在选择城市现代化评价指标采用过程导向和结果导向相结合的原则。

二是突出问题导向，兼顾愿景导向。现代化评价的目的是通过对指标的比较，分析发现问题和寻找解决路径。因此本章在选取指标时，偏重于结合北京当前城市现代化面临的痛点、难点和群众急难愁盼的问题，有针对性地选择评价指标，同时围绕建设社会主义现代化强国首都这一目标兼顾愿景导向。

① 姚士谋，汤茂林. 中国城市现代化概念及指标体系 [J]. 城市规划，1999（01）：60-61.
② 姚月，罗勇. 论现代化城市建设的评价体系与"因城施策"[J]. 规划师，2019，35（04）：45-50.
③ 王桂芹，郑伯红，周红. 长沙城市现代化的评价指标体系构建及比较研究 [J]. 现代城市研究，2020（01）：67-73.

三是数据的可获得性、连续性和区分度。城市现代化是一项长期性的工作，所选择的统计指标应该在时间上尽量具备连续性，特别是要保障未来数据来源，优先选择统计部门、专业主管部门和权威机构发布的数据。如果指标的区分度过低，数据变动的空间不大，则予以舍弃。

四是精简原则。城市现代化内容宽泛，但指标过多，不仅增加了评价难度，还容易稀释掉重要指标反映出的信息，因此在指标设计时以重要指标为主尽量简化。

综合上述考虑，本章选择以下代表性的指标组成城市现代化评价指标体系（见表7-1），并结合北京市"十四五"规划、相关国际标准、发达国家情况等设定目标值。

表7-1 城市现代化评价指标体系及目标值

指标	2020年	2025年	2035年	远期
平均通勤时间（分钟）	47	45	40	30
轨道交通运营里程（含市郊铁路，公里）	1092	1600	全国领先	国际领先
千兆宽带接入端口占比（%）	5	>50	>90	国际领先
适龄儿童入园率（%）	83	>90	>90	>90
细颗粒物年均浓度（微克/立方米）	38	达到国家要求	达到国家要求	<10
基本便民网点连锁化率（%）	44.5	>50	全国领先	国际领先
单位地区生产总值生产安全事故死亡率（人/百亿元）	1.1	<0.9	国际领先	国际领先
国际会议举办数量（次/年）	91*	国内首位	世界前列	世界前5

注：*表示为2019年数据。细颗粒物浓度远期目标参照世界卫生组织标准。

第三节 首都城市现代化的关键问题

一、功能布局协调、城乡均衡的现代化城市形态尚未全面形成

北京在人口疏解、新城建设和京津冀协同发展方面已取得了积极成效，在城市更新领域完成了一批示范性、代表性突出的项目，但城市空间布局有待进一步

优化，城市更新在支撑首都功能提升方面有较大空间，城乡和城市群内部现代化水平差距有待消除。

（一）职住分离问题依然明显，通勤时间全国最长

现阶段就业人口疏解速度滞后于居住人口的疏解速度，职住分离问题仍然突出。16个区空间错位指数（SMI）的计算结果显示，自2015年以来，北京市常住劳动人口与就业人口分布的空间错位情况呈现加重态势（见图7-1）[1]。2014~2019年，中心城市（含核心区）常住适龄劳动人口占北京市的比重下降了7.7个百分点，就业人口占北京市的比重却上升了1.5个百分点[2]。副中心和平原新城GDP合计占北京市的比重近10年来稳定在22%左右，上升不明显，经济体量不足制约职住平衡实现。交通拥堵进一步增加居民通勤时间。北京单程平均通勤距离达到11.1公里，平均通勤时间为47分钟，是全国唯一超过45分钟的城市[3]。

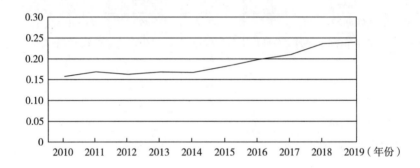

图7-1　2010~2019年北京市空间错位指数

----

① 空间错位指数（SMI）的计算公式为：

$$SMI_j = \frac{1}{2P_j} \sum_{i=1}^{n} \left| \left(\frac{e_{ij}}{E_j}\right) P_j - P_{ij} \right|$$

其中，j代表产业，如果不分产业计算可以忽视。P_{ij}是i分区的适龄劳动人口数；e_{ij}是i分区的就业岗位数；P_j是全区域总的适龄劳动人口数；E_j是全区域总的就业岗位数；n是分区个数。该指标由大区域及各个分区的劳动人口和就业岗位数据计算而成，兼顾了数据意义和评价尺度，反映就业人口和就业岗位地区分布的相似性。SMI越小空间错位程度越低，即职住平衡情况越好，极限值为0。本书使用北京市16区数据计算，常住劳动人口以15~65岁常住人口数据代替，就业人数以城镇单位从业人员年末人数代替。
② 副中心和平原新城数据以通州、顺义、昌平、大兴、房山5区数据代替。
③ 全国重点城市通勤报告出炉：北京单程平均时耗最长［EB/OL］. https://baijiahao.baidu.com/s?id=1685206603528207626&wfr=spider&for=pc，2020-12-05.

（二）城市更新速度滞后于城市现代化发展需求

老旧小区更新速度较慢，与人民群众期待尚存差距。北京20年以上老旧小区数量约2100个，占存量小区的47%，数量和占比在全国城市中均排名第3①。2020年北京完成50个老旧小区综合整治项目，按照这一速度需要42年才能完成2100个老旧小区改造工作。老旧厂房、传统楼宇更新利用不足。存量楼宇智能化改造尚未全面铺开，办公空间质量参差不齐，高租金与高空置率并存，闲置办公楼宇升级改造滞后于新兴产业发展需求。非核心商圈写字楼平均租金是核心商圈的约1/6，空置率却是核心商圈的近3倍②。

（三）城乡现代化程度差距较大

北京的农村现代化已取得丰硕成果，但与"乡村全面振兴，农业强、农村美、农民富全面实现"的目标还有一定差距，城市发展给农村现代化提供支撑有待进一步提升，农村地区的现代化形态尚未全面展现。城乡居民收入比近15年呈缩小趋势，但仍高于20世纪90年代水平（见图7-2）。随着优质劳动力向城市迁移，农村收入水平提高难度进一步加大。乡村建设偿还历史欠账的任务依然艰巨，基础设施长效管护机制有待完善，以污水治理为例，集中或部分集中处理率只有42.7%③。乡村整体风貌与发达国家和长三角地区相比仍存在差距。

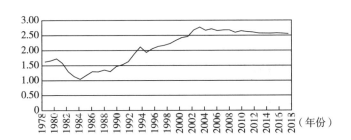

图7-2 改革开放以来北京城乡居民人均可支配收入比值

（四）京津冀城市群整体实力偏弱，内部发展差距较大

与国际知名城市群和国内的长三角、粤港澳大湾区城市群相比，京津冀城市

---

① 贝壳研究院：重点城市楼龄20年以上老旧小区占比近四成 京沪旧改空间最大［EB/OL］. ht-tp：//k. sina. com. cn/article_1664176597_633151d502000ufvm. html，2020-05-28.

② 中指研究院：一季度北京写字楼市场租赁活动持续回暖，吸纳量创近年单季新高［EB/OL］. ht-tp：//mp. weixin. qq. com/s/ZqZD6CvNPDnBbb5FHBAN3A，2021-04-29.

③ 资料来源："十四五"时期北京市推进乡村振兴的思路与措施研究报告.

群经济体量偏小。2014~2020 年，京津冀 GDP 总量占全国的比重从 10.3% 下降到 8.5%；同期长三角占比基本保持在 20% 左右①。2020 年京津冀人均 GDP 为 7.8 万元，分别相当于长三角和粤港澳大湾区的 66% 和 77%，与国外世界级城市群的差距更大（见图 7-3）。城市群内部经济联系较弱。2017 年 5 月至 2021 年 6 月期间北京迁出的高新技术企业只有 5% 留在了京津冀②。依托工商总局登记注册大数据测算，北京与河北的产业关联度得分为 32.6，上海与江苏的产业关联度得分则达 100③。

图 7-3 世界城市群人均 GDP 比较

注：国际数据来源于智研咨询《六大世界级城市群面积对比、人口对比、GDP 对比、人均 GDP 对比及地均 GDP 对比》，为 2017 年数据。国内城市群数据来源于国家统计局网站，为 2020 年数据。以当年人民币兑美元平均汇率折算为美元。

二、创新开放的美好城市环境尚未形成

全球城市从流量枢纽功能叠加策源中心功能的过程中，创新开放的城市环境、专业化的城市服务人才体系成为城市竞争的重要领域，需要将城市的竞争力从关注规模和流量转向关注城市的质量和创新开放动力。因此，以人民对高品质城市环境需求为标准，北京市还存在以下几个突出问题。

（一）缺乏国际化开放创新的城市环境

迈向国际化开放创新城市北京既有基础也有条件，但缺乏吸引国际一流人才

① 根据国家统计局网站公布数据计算，长三角数据以江浙沪三地之和代表，大湾区数据以粤港澳三地之和代表，其中中国香港和中国澳门数据以当年平均汇率折算为人民币。

② 新一线城市研究所：北京 4 年出走了 673 家高新技术企业，它们都搬去了哪里？[EB/OL]. https://mp.weixin.qq.com/s/nUidpTr7YcCLzkXMcYgUTA，2021-07-24.

③ 北京市经济与社会发展研究所：北京市"十四五"规划思路研究报告。

的城市环境。国际化公共服务设施数量不足。北京国际化服务示范社区建设正处于经验摸索阶段。国际学校数量较少、增速较慢，2019 年北京国际学校数量为 80 余所，在国内省市排名第 4 位①。国际医院处于试点建设阶段。国际语言环境仍需提升。英语等多语言标识覆盖率、准确率仍有待提升。2019 年北京英语普及率为 55.68%，低于巴黎的 60.28%。缺乏针对外籍人员的公共服务设施，服务管理由多部门同时进行，缺乏一站式服务，与发达国家城市相比便利化程度不高。

（二）缺乏面向城市高品质服务的技能型人才保障

面向高品质服务的技能型人才存在总量缺乏、分布不合理、质量待提升等问题，不仅给城市的高效运行带来挑战，也在很大程度上影响着城市现代化进程和品质。现有人才政策体系主要针对研发、管理等领域的高端人才，申请门槛较高，针对专业技能型人才在京立足的政策不足。落户难、子女教育、住房、用车、公共服务等成本较高导致部分技能型人才流失。如轨道交通专业技术领域，根据测算，到 2025 年北京市轨道交通专业技术人才缺口将达近 5 万人，而北京市每年培养仅 1000 余人。又如专业护理领域，2020 年北京市共有注册护士 13.5 万名，医护比平均为 1∶1.1。按照国际通行医护比 1∶2 标准测算，护士缺口约 10 万人。

三、城市基础设施供给依然存在短板

北京市基础设施发展近年取得突出成效，但对标高质量发展要求，对标国际一流的和谐宜居之都建设目标，还存在一些突出短板，如交通拥堵治理缓慢，服务"四个中心"的设施支撑能力还需提升，优质公共服务设施还有缺口等。

（一）交通基础设施现代化水平不足，交通拥堵仍是首都面临的突出问题

交通基础设施规划的科学化、智能化不足是导致交通拥堵的重要原因。荷兰通腾导航科技公司所作的全球交通拥堵调查结果显示，2018 年北京在全球拥堵排行榜上居第 30 位，在全国排名第 4 位②。中心城区医院、学校、枢纽典型区域拥堵问题突出。轨道交通线网层级不完善、融合不足，部分区段供需矛盾突出，与周边城市功能结合不足，衔接换乘不便。道路网密度总体偏低；城市道路网结

---

① 新学说国际教育研究院：《2019 中国国际学校发展报告》。

② 全球交通拥堵排行榜出炉 北京排第三十位［EB/OL］. https：//language. chinadaily. com. cn/a/201906/14/WS5d0334aaa3103dbf143283d4. html，2019-06-14.

构有待优化，次干路、支路等低等级道路规划实施率低。出行便利性、舒适性仍显不足，地面公交运行速度低、可靠性差；步行、自行车出行环境有待优化，慢行道设施缺失或不连续。京津冀城际铁路、公路互联互通水平仍需提升，对京津冀城市群空间格局的支撑作用需继续加强。2020年京津冀城市群建成区总体平均道路网密度为4.5公里/平方公里，长三角和大湾区城市群平均分别为5.8公里/平方公里和7.3公里/平方公里①。停车难问题急需解决。根据2020年北京交通发展年报数据，2019年北京机动车保有量636.5万辆，公共停车场总量有限，经营性公共停车位仅有170.36万个，停车位资源不足，特别是中心城区停车难问题突出。

（二）智慧基础设施规模和创新能级存在短板

北京与全球智慧标杆城市相比，依然存在显著差距。智慧基础设施主要包括宽带（固定和移动）、新一代移动通信业务、计算机及各类智能终端的普及和应用。上海社科院发布的《全球智慧制度报告（2020）》②显示，全球智慧城市排名中，香港、新加坡、伦敦位居前3名，北京位居第15名，特别是在数据中心、出口宽带等指标上处于明显劣势。数据中心作为数据存储、处理和分析的中心，在智慧基础设施体系中地位举足轻重，全国各地都加快了对数据中心建设的部署和优化。从当前全国数据中心产业发展情况来看，北京数据中心产业发展总指数和发展规模仅排名全国第5位。

（三）国际交往设施承载力有待提升

新版北京城市总体规划对国际交往功能布局提出了新要求，相关专项规划提出的"一核、两轴、多板块"的功能体系和空间布局尚未形成。当前国际交往功能主要集中于中心城区，向东西南北拓展不足，资源过度集聚，空气污染、交通拥堵等问题突出，在一定程度上制约着北京各类国际交往功能的实现水平。国际交往硬件设施承载力有待提升，天安门广场、中南海地区、钓鱼台地区环境和功能有待优化升级，雁栖湖国际会都、第四使馆区等一批重点项目需要加快推进，首都机场和北京大兴国际机场全球航线网络功能发挥不足。服务于国际交往的"类海外"环境建设有待加强。

---

① 住房和城乡建设部城市交通基础设施监测与治理实验室等：中国主要城市道路网密度监测报告（2020年度）［EB/OL］. https://max.book118.com/html/2020/0625/8020013135002120.shtm.

② 该排名主要从基础设施、创新、经济、服务、治理和声誉六个方面，对全球20个智慧城市进行排位。

（四）面向"一老一小"的公共服务设施短缺矛盾突出

义务教育面临学位缺口较大，随着二孩、三孩政策的落实，预计 2025 年小学学位缺口将达到 14.7 万，初中学位缺口将达到 6.1 万；学位缺口结构性矛盾突出。一方面，各区学位需求压力程度不一，核心区、海淀区及通州区学位缺口突出。另一方面，各区内不同片区间学位缺口压力也不一，城镇地区普遍有学位缺口。城六区幼儿园学位紧缺，普惠幼儿园质量需要进一步提升，优质学前教育学位供给不足。托育供需矛盾突出，根据市卫健委统计，截至 2019 年底，北京市家庭托育服务潜在需求为 35%，但供给不足 4%。老龄化趋势加剧，北京 65 岁及以上老年人口占总人口比重 2020 年上升到 14.0%，预计到 2025 年达 17% 左右，2035 年达 27% 左右，养老床位不足矛盾加剧，城市老年人迫切需要的普惠服务不足，面临"有需求、买不到"的困境。

四、宜居城市建设面临多方面问题

近年来，北京围绕宜居宜业和居民生活品质需求，在空气污染治理、居民条件改善、生活便利化等方面做了大量改进性工作，并取得了一定成效。但与世界城市相比、与国际一流和谐宜居之都目标要求相比，宜居城市建设还面临多方面突出问题。

（一）雾霾天气频发成为影响宜居的突出问题

当前北京能源结构偏重化石能源、交通运输结构不尽合理、区域传输影响较大，污染物排放总量还处于高位，细颗粒物和臭氧仍然超标，PM2.5 是影响空气质量的首要污染物，空气质量改善成效仍不稳固，秋冬季节重度污染天气时有发生。近年来，北京生态环境治理成绩喜人，但与国际大都市相比，生态环境差距依然显著。以 PM2.5 浓度为例，2020 年北京 PM2.5 浓度 38 微克/立方米（接近国家二级标准 35 微克/立方米），远高于日本东京（10.1 微克/立方米）、巴黎（12.2 微克/立方米）、伦敦（9.6 微克/立方米）、纽约（6.5 微克/立方米）[①] 等国际大都市，而且也高于上海市（32 微克/立方米）。此外，大气中还有大量的氮氧化物和挥发性有机物，大气质量治理成效与百姓期盼有较大差距。

（二）水生态环境治理与保护短板依然突出

水污染问题依然存在，中心城区、老城区存在大量雨污合流设施（北京市雨

---

① IQAir. 2020 年全球污染严重的城市（依据 PM2.5 浓度）［EB/OL］. https：//www. iqair. cn/cn/world-most-polluted-cities.

污合流管网 1400 公里左右，其中核心区约 600 公里），造成整个排水系统雨污分流不完全，城乡面源污染防治不足，消除黑臭水体的压力依然较大。河湖水系生态系统还不完善，部分河道水源不足，非汛期无水河长 3797 公里，占总河长的 59.2%。河湖水环境亟须改善，监测的河流中三类水体以下占 32.4%（劣 V 类占 8.9%）。部分河道生态系统退化，水生动植物种类相对单一，生态系统功能有待修复。

（三）居住成本过高影响居民幸福感

居住成本是影响城市宜居水平的重要因素之一。在中央"房住不炒""住有所居"长效调控机制下，北京采取了一系列措施防止房价增长过快，房价总体趋稳，但住房难依然是影响北京市民幸福感的重要问题，并对人才引进、居民生育意愿等构成一定制约。2021 年 10 月，北京市二手房成交均价约 6.2 万元/平方米，平均房租为 95.79 元/平方米·月，套均租金为 9160 元，按户均 2.3 人计算，套均租金相当于 2020 年前 3 季度家庭月度可支配收入的 63%[1]，导致居民家庭用于其他消费开支大幅减少，居民生活幸福指数受到影响。

（四）居民生活便利度有待提升

当前，北京生活性服务业中高端供给和有效供给不足，不适应消费结构升级趋势，存在供给盲区。基本便民生活连锁化率较低（2020 年底北京市基本便民连锁网点连锁化率仅为 44.5%[2]），服务供给的规范化、标准化程度低，服务质量参差不齐；生活性服务业与信息化、大数据的结合有待提升，与数字经济的融合发展不够深入。

五、韧性城市建设面临诸多问题与挑战

韧性城市是对原有城市应对灾害乃至规划建设模式的颠覆性创新，也是政府观念的革命，是城市治理领域新一轮的改革。城市未来发展所面临的不确定性决定了韧性城市建设必然面临诸多问题与挑战。

（一）韧性城市规划相关法规仍未落地

现行城市规划中韧性城市的理念起步不久，相关法规尚未结合韧性城市理念及目标进行适当的修订，无法有效满足城市新的发展需求，无法在法律法规层面为韧性城市建设提供切实保障。

---

[1] 中指数据库 [DB/OL]. https：//creis. fang. com/.
[2] 资料来源：北京工商大学《"十四五"时期北京市提升生活性服务业品质的思路与措施研究》课题组调查数据。

（二）城市应急管理的纵向链条过长

"市—区—街道—社区"的多层级管理模式降低了应对灾情的防控效率，存在信息处理、共享、公开不及时和不充分的现象；城市治理技术落后，救援物资的配给滞后、受灾群体的分类登记和管理能力不足。未能建立基于韧性城市的"事前防控、事中适应、事后迅速恢复"的应急管理机制，往往着重于风险发生后的治理。

（三）部分城市工程老化

虽然近年来城市基础设施建设投入力度不断加大，但由于历史欠账多，投资不足和设施建设滞后的矛盾仍然突出，部分基础设施和建筑物老化，导致抵抗洪涝灾害、地震、火灾、疫情的突发风险事件的能力下降，此外基础设施之间，基础设施和建筑物之间的紧密关联容易导致风险连锁反应，加剧了跨部门、跨区域的连锁风险事件的发生。

（四）全社会危机管理意识不足

无论政府还是公众，在应急教育上投入的时间和精力都十分有限。风险排查、应急培训、活动监督等实践中公众参与能力不足、参与积极性不高，与城市风险治理要求不相适应。科学、合理、系统、综合的公共危机教育体系，并未形成并有效运行。

（五）存在抵御重大灾害的能力仍然不足

目前北京风险监测与识别的精细化水平比较低，特别是缺乏基层社区层面的风险监测管理，对流行性疾病、危险化学品等各类重大风险源的监控薄弱，对重点场所、重要设施、大型活动等可能面临的风险存量辨识评估不全面，缺乏可以动态跟踪的城市时空"风险地图"，难以将城市风险控制在萌芽状态。

第四节　实现首都城市现代化的路径建议

一、以功能疏解为引领，推动城市空间布局向多中心发展

（一）强化新城宜居宜业优势

以功能疏解带动副中心和平原新城现代化水平提升，强化多中心布局。提升

城市副中心以及顺义、大兴等郊区新城的基础设施功能和公共服务水平，吸引高端要素和人口适度聚集。推动副中心和平原新城存量商务楼宇向智能生态型改造，提升新城办公空间对高端产业的吸引力。结合远程办公趋势，"推广租赁住房+共享办公"空间组合，将新城的宜居优势转化为宜业优势，提升新城活力，促进职住平衡。

（二）统筹推进城市更新，丰富局部城市功能

跨区域、跨类别统筹推进城市更新。在分类推进实施城市更新的基础上，探索统筹不同行业、不同区域、不同层级、不同资金、不同实施主体的城市更新机制。如通过厂房土地出让收入回补老旧小区供水、排水、道路等基础类改造整治，通过厂房土地出让收入与居民共同出资的方式回补老旧小区开展加装电梯等完善类更新改造，通过厂房土地出让收入与盘活老旧小区附近的闲置资源共同回补养老托育等提升类更新改造需求。促进办公楼宇向多功能场所转型，完善城市功能。补足工作餐、便利店等基本配套设施短板，根据从业人员群体特征增加休闲空间、亲子空间、健身场所等，推动实现工作、学习、生活、休闲功能一体化。

（三）探索建立城乡统筹的新型城市形态

抓住北京非首都功能疏解机遇，深化农村土地流转、集体经营性建设用地入市、宅基地盘活利用、集体土地租赁住房等改革创新，强化集体土地对农村现代化的支撑作用。有序推动特色小镇建设，培育建设一批以创新、创业、创意为主题，特色鲜明、职住合一、功能完善、规模适度的特色小镇、微中心，弥补城市群结构体系上的缺失。破除建设中的资金、土地等要素制约，积极创新社会力量参与建设的体制机制，努力提升政府服务效率，充分释放发展的活力。

（四）强化京津冀城市群主要发展轴线和节点城市建设

依据"点轴开发理论"，沿京津、京保石、京唐秦、京雄、京沈、京张等发展轴，引导资源要素向轴线上的重要功能节点集聚，提前谋划相关空间、功能布局和基础设施、公共服务配套，推动要素聚集、放大，夯实城市群网络重要节点的基础条件，提升产业承接能力，增强城市群内部经济关联度。提升区域性中心城市发展机会。强化与石家庄、唐山、邯郸等区域发展轴上节点城市的功能联系，助力其发展壮大成500万人口以上、富有竞争力的特大城市。

二、以增强城市"软实力"为发力点，营造创新开放的城市环境

（一）构建国际化的开放友好型城市环境

加快建设国际化社区。建立专业化、职业化、国际化的社区人才队伍，按照国际标准完善社区配套硬件设施，同时要提高社区涉外应急管理服务能力。试点外国人证件业务"单一窗口"，简化外籍员工申请就业证及注销就业证的审批流程。优化国际语言环境。对公共场所特别是国际活动场馆、公共服务机构和服务设施等重点场所，提高外语标识普及率，设置多语种标识。提高窗口行业外语服务水平，积极引进双语人才，设置双语引导岗，设立法语、日语、阿拉伯语等多语种服务咨询窗口。营造高效的国际化政务服务环境。完善涉外服务体系，提升北京对外服务质量和服务态度，简化办事手续流程、提高效率，让在京外籍人士切实感受到北京"以人为本、以客为尊"的服务理念，打造首都国际化形象，从根本上树立外籍人士对北京乃至中国的积极看法。

（二）加强城市品质服务的技能型人才供给和保障

健全京津冀职业技能人才联合培养机制，推动区域职业教育的一体化发展。探索通过组建职业教育集团、成立职业培训联盟、发展社区学院、融入职教园区等方式，整合教育资源，推动区域职业教育的一体化发展。细化院校的专业设置，提高轨道交通、智慧交通等热门紧缺专业的聚集度，构建特色专业链群。推广"双元制"职业教育模式，打造产教融合的技能人才培养平台。支持北京交通运输职业学院、北京市信息管理学校、北京经济技术职业学院等职业学校与"两区"建设相关企业合作，用好人力资源服务企业的桥梁作用，对接关键企业需求，在商业类、技术类、服务类技能人才方面优先实施"双元制"职业教育模式，在学校和工厂企业同时进行培训。推进养老领域技能型人才考核评价机制改革，畅通技能人才发展渠道。探索开展以能力为导向的注册护士考试评价改革，将医养结合型养老机构、检测检疫机构纳入注册护士评定范围，畅通注册护士发展渠道。

三、以提供更加优质服务供给为目标，加强基础设施承载能力建设

（一）谋划发展高质量交通基础设施

继续大力提升交通基础设施综合承载能力。着力发展轨道交通，到2025年，轨道交通运营里程（含市郊铁路）达1600公里，轨道交通占公共交通出行比例

提升至56%，中心城区45分钟以内通勤出行比例达60%，道路交通指数控制在6.0以内。初步构建京津冀城市群2小时交通圈和北京都市区1小时通行圈。打造高效便捷的轨道交通体系，加快构建圈层式、一体化轨道交通网络，扎实推进"四网融合"，高水平发展市郊铁路；增强地铁线网服务能力，织补、加密、优化中心城线网，增强就业中心与居住组团间快速联系，提升全链条出行效率。完善城市路网结构，街道空间分配向步行和自行车倾斜，推进城市绿色交通发展迈上新台阶。大力推动交通综合治理，建设智慧交通系统，持续治理交通拥堵。继续加强京津冀交通互联互通，完善综合交通枢纽空间布局，实现节点城市1小时通达，助力建设以首都为核心的世界级城市群主干构架。

（二）适度增加停车设施建设

适度增加停车位建设。加快推进老旧小区改造，改造过程中通过对老旧自行车棚、废弃锅炉房拆除等同步考虑增加停车位或规范建设居民停车设施，中心城区可考虑吸引社会资本建设立体停车楼，将闲置楼宇改造成停车楼，条件允许的可适度增加路边停车位。支持发展共享停车，充分考虑居住小区、商场、写字楼停车场的峰谷时段，鼓励商场、写字楼停车位在晚6点到早8点对周边居民以适当优惠价格开放，居民小区可在早8点到晚6点对上班族进行停车开放，通过共享停车位实现资源充分利用，在特殊区域、特定时段有效解决停车难问题。

（三）加快建设智慧化新型基础设施

对标实现2025年全球新型智慧标杆城市目标，建成国际领先水平的新型基础设施，到2025年城市数字底座稳固夯实，千兆宽带接入端口占比达50%，5G有效面积覆盖率达95%，重点功能区信号灯联网率达95%。加快基于IPv6的下一代互联网规模部署，建设以物联网、车联网、工业级5G芯片、网关、多接入边缘计算（MEC）、卫星互联网为代表的通信网络基础设施，加快建设工业互联网标识解析国家顶级节点、国家工业互联网大数据中心。实施新型基础设施支撑行动，推进传统基础设施数字转型和智能升级，全面加强基础设施运行、安全、监管、决策全周期智慧能力建设，建成交通综合决策支持和监测预警平台三期等一批专业领域新型智慧化平台，构建城市运行全面动态感知、资源和生态环境智能监控的城市运行决策管理体系，提高城市精细化、智慧化管理水平。

（四）提升国际交往功能设施的综合承载能力

立足迈向中华民族伟大复兴的大国首都实际，适应重大国事活动常态化，前瞻性谋划涉外设施和能力建设，到2025年，国际交往中心功能体系和空间布局基本形成，重大国事活动服务保障能力显著提高；到 2035 年，将北京建设成为承担我国重大外交外事活动的首要舞台、彰显我国参与全球治理能力的国际交往之都。持续优化"一核、两轴、多板块"空间格局，着力提升综合承载能力，健全完善雁栖湖国际会都功能，加快雁柏山庄和栖湖饭店建设，适时启动松秀园组团建设，打造服务国家顶层国际交往、可举办全流程主场外交活动的核心承载区；建成国家会议中心二期，打造多业态融合发展的国际会议会展综合体；高标准建设第四使馆区，打造第二个"三里屯"；依托中轴线等历史文化遗迹、特色胡同街巷、传统四合院等历史文化街区，打造更多"小而美""雅而秀"的外交外事活动场地。大力完善北京大兴国际机场相关配套设施，优化现有航线网络布局。更新升级既有国际交往设施，提升天安门—长安街地区、中南海周边、钓鱼台地区、奥林匹克中心区等区域环境功能。完善为使馆区等国际交往密集地区提供服务的国际化生活配套，加快实施国际学校、国际医院、国际人才公寓建设、示范街区改造等项目。

（五）加强面向"一老一小"的优质公共服务设施供给

建设发展优质学前教育设施，精准布局学前教育学位，有效保障群众就近就便入园，到 2025 年北京市适龄儿童入园率保持在 90% 以上，普惠性幼儿园覆盖率达 90%。加快中小学学校建设，对有条件的校舍进行改扩建，北京市新建、改扩建和接收居住区教育配套中小学 150 所左右，完成后新增学位 16 万个左右，到 2025 年义务教育就近入学率保持在 99% 以上；补齐人口密集地区义务教育设施缺口，在城市副中心、三城一区、大兴国际机场临空经济区等重点功能区，规划建设优质中小学学校。支持建设具有示范指导功能的区域综合托育服务中心；通过新建、改扩建，支持一批嵌入式、分布式、连锁化、专业化的社区托育服务设施建设；将托育服务纳入社区服务体系，鼓励托育服务设施与社区服务中心（站）及社区养老等设施共建共享；鼓励利用"疏整促"腾退空间建设婴幼儿照护服务设施，到 2025 年实现满足最急迫家庭的托育需求，到 2035 年保障托育服务公平优质的资源供给，实现有需尽托。大力发展普惠养老服务设施，全面放开养老服务市场，鼓励各类市场主体广泛参与，简化前置审批程序，合理确定审批条件，制定和实施平等的优惠政策体系，确保社会办服务机构创造更加有利的基础环境。

四、以解决居住环境问题为切入点，建设高品质宜居城市

（一）着力改善大气环境质量

聚焦大气污染治理的主要矛盾和关键问题，以细颗粒物（PM2.5）治理为重点，强化臭氧协同控制，精准、科学治理大气污染，细颗粒物年均深度达到国家要求。加强移动源领域污染控制，大力发展公共交通，优化交通出行结构，大力发展新能源车，逐步降低燃油车比重，进一步推进老旧机动车淘汰更新，加快推进重点货物运输"公转铁"，大力推广新能源货车使用，逐步淘汰柴油车运输。持续优化产业结构，调整退出一般制造业和污染企业，强化环保标准约束，加强对重点行业的排放治理，进一步降低产业领域的主要污染物排放。优化调整能源消费结构，实施化石燃料总量控制，加快促进清洁能源重大项目落地，推广使用风电、光伏、氢能等新能源，深入推进农村煤改清洁能源工程。深化京津冀区域大气污染联防联控机制，推动统一标准、统一监测、联合执法和共同治理。

（二）着力加强水污染治理和水生态保护

按照习近平总书记对北京水资源问题的重要论述，城乡居民对亲水环境的美好需求，首都应以水环境治理和水生态保护为核心，持续改善水生态环境。加强水污染治理，针对城镇重点地区污水收集处理的短板，通过新建污水收集管线、改造雨污合流管线等完善中心城区、副中心、回天地区等重点区域污水收集处理设施，完成北京市重点污水处理厂的升级改造，进一步提高污水处理能力和污水处理率。加快海绵城市建设，提高建成区降雨的就地消纳能力，加强对入河入湖排污口、排污管线的整治，减少排污对河、湖的污染。强化对农村污水治理设施的运维管理，持续开展对农村小微水体的综合整治。加强水生态保护，通过跨区域治理，加快推进河流、水库综合治理与生态修复，实现永定河全域通水后，持续推动永定河综合治理和生态修复工作，推进潮河流域生态清洁小流域和湿地建设，分期推进潮河、清水河等河道的生态修复，实现"清水绿岸、鱼翔浅底"的生态景观。实施官厅水库水环境改善工程。以潮白河和永定河为重点，实施滨岸生态廊道建设，打造更加美好的亲水环境。

（三）着力完善多层次住房制度体系，优化人居环境

租购并举多渠道增加租赁住房供应，以市场为主满足多层次需求。完善集体建设用地建设租赁住房的管理制度，积极探索创新出让价款收取方式。支持符合条件的非住宅房屋项目改建为租赁住房。优化土地出让制度，在稳房价、稳地

价、稳预期的同时，确保合理回报，鼓励开发企业建设高品质的住房。优化税收、信贷政策，完善二手住房交易代理制度，鼓励居民卖旧买新释放二手住房资源。探索在都市圈范围内配置住房与居住用地资源。完善多层次、分类保障的住房制度。对于城市运行服务保障群体，鼓励用人单位通过新建、改建、趸租等方式提供集体宿舍；鼓励用人单位、产业园区提供职工宿舍或周转房。完善"补人头"住房保障机制。加强住房布局与就业中心、公共交通的时空统筹，提高通勤便利性。加强居住用地供应与轨道交通相衔接，在轨道交通沿线站点增加租赁住房、保障性住房的配建比例。增强重点产业功能区周边的保障性住房的配比，统筹利用周边保留村庄居住用地，增加租赁房和保障房供应①。

（四）着力提高居民生活便利度

针对居民生活实际需求，按照"规范化、连锁化、便利化、智能化"的发展要求，多方面提升生活服务业品质，提高居民生活便利度。梳理完善一刻钟生活圈，摸清北京市便民商业网点建设底数，针对网点不足的区域或居民生活特别需要的业态，优先利用疏解腾退空间补建便民服务商业网点，补充服务业态，进一步完善一刻钟生活圈，更好地满足居民日常生活需求。鼓励支持规范化、连锁化、便利化便民商业服务网点建设发展。推进便民服务数字化发展，结合实体经济数字化转型发展趋势和智慧生活服务平台建设要求，充分运用互联网、人工智能等信息技术，促进生活服务业企业（如商超）发展"线上+线下"融合的营销服务方式，并通过大数据来满足消费者的个性化、定制化需求，支持电商、快递企业开展集约化末端配送，通过数字赋能提高生活便利化水平。推动社区商业多业态融合发展，支持打造多功能的生活休闲中心，优化商品和服务供给，积极引入文化、健康、教育等消费业态，通过公共服务下沉，推动社区公共服务与商业服务相结合，延伸服务功能，更好地满足消费需求。

五、以保证城市安全发展为底线，全方位推进现代化韧性城市建设

韧性城市并不是另起炉灶，而是以问题为导向，从改革的高度出发，要与近些年北京推进的分布式能源、海绵城市、水处理、应急物资储备、公共卫生应急体系等协同建设。北京建设韧性城市只能是渐进式、迭代式改良，而不仅是"交钥匙"工程。

---

① 北京市就业中心周边 2 公里内的规划村庄居住用地 46 平方公里，现建筑规模 1821 万平方米。

（一）创新完善城市工程韧性

统筹考虑各类基础设施和建筑物应急能力建设。建设韧性城市基础设施应统筹考虑交通、能源、通信、物流、给排水等生命线工程设施的应急能力，此外还应对住宅、医院、环卫、教育等民生设施的质量进行必要的维护和升级改造，从而保障城市居民的日常生活质量，使城市在应急状态下有足够的抗冲击能力和恢复能力。提高建筑防灾安全性能。对存量建筑全面排查房屋设施抗震性能，提高应急指挥、医疗救护、卫生防疫、避难安置等场所的抗震设防标准，有序推进减震隔震改造。对增量建筑，严格审批和监管，杜绝出现新的抗震、防火等性能不达标建筑。提升城市生命线工程保障能力。加强应急备用水源工程建设和地下水源保护，保障供水安全。完善应急电源、热源调度和热、电、气联调联供机制，提高能源安全保障能力。加强灾害防御工程建设。逐步提升洪涝、森林火灾、地质灾害等防御工程标准。推进病险水库、水闸除险加固，全面推进堤防达标建设，不断完善防洪工程体系。推进矿山采空区、尾矿库工程治理。统筹森林防火道路与防火隔离带建设。实施高速公路、乡村公路和急弯陡坡、临水临崖危险路段生命防护工程建设。持续推进海绵城市建设。发挥生态空间的雨洪调蓄、自我净化作用，提高降雨就地消纳和利用比重。强化蓄滞洪区建设，增强洪水调蓄能力。科学匹配城市排水河道、雨水调蓄区、雨水管网及泵站等工程措施，多维共治城市积水内涝。鼓励海绵城市技术应用，支持开展海绵型项目建设。

（二）深化韧性城市精细治理

建立各部门联动协调机制并有效运转。适应建设韧性城市出现的突出矛盾，打破部门壁垒，理顺职责分工，强化统筹协调，构建跨部门、跨区域、跨领域的城市治理格局，由条块分割向统筹协调转变，由运动式管理向规范化、常态化治理转变，由被动管理向主动服务转变，构建韧性城市治理新格局。包括加大城市管理领域跨部门、跨行政隶属关系的工作协调力度，理顺政府部门职能，保障公共空间管理职能、城市景观环境管理职能、市政公用管理职能集中统一。建立韧性制度体系。推进城市治理的制度化和法治化，完善应急治理的制度体系和标准规范。构建韧性城市标准体系，研究制定韧性城市评价标准，推进各行业领域制定韧性建设标准。推动治理"智慧化"。云计算、大数据技术可以有效地增强社会安全治理主体的"计算能力"和"预测能力"，当"大数据"成为各种安全风险、事件或危机决策的基础之时，可以实现治理工具的"智慧"转型。推广常态化、社会化的应急教育，提高公民风险应对能力。精细治理离不开市民的广泛积极参与，积极培育风险文化，利用一切教育资源和传媒手段，通过制度化的教育与训练，在各类组织、市民中加强风险意识教育，开展应对风险的技能培训及模拟演练，帮助市民理性地认识风险、应对风险。

（三）确保应急基本物资储备机制有效运行

适度增加自给能力。在符合环保要求的前提下，恢复部分本地化养殖，提高肉蛋产品的自给水平，继续在环京周边地区建设"菜篮子"产品生产基地，引导鼓励市属国企在外埠建立粮食基地、仓储物流设施。围绕天然气等重点能源供应保障，健全央地共建储备项目机制，加强与油气央企的对接合作，加强唐山等周边地区应急储气项目建设和运行保障。合理安排常态储备。在常态情况下合理安排自持物资储备量和合同储备量供给，建立储备物资定期轮换机制，保障紧急情况下"储备足、质量高、能调动"。理顺从国家级储备库到社区、村级物流运转体系。完善应急物资管理和调度平台，实现北京市应急物资储备情况可视化、调度一体化。不断提高快速调配和紧急运送能力。健全应急物资储备轮换、代储、报废等制度，优化分配和使用机制，确保应急物资安全充足储备、高效节约使用。

（四）建立跨区域全社会的协调治理机制

以京津冀协同联防联控机制推进韧性城市建设。应在京津冀协同中探索、分析和周边城市从联防联控机制、财政支出平衡、政策倾斜、信息互通平台等方面加强韧性城市的合作治理建设，实现区域内城市间的有效协调、合作、衔接和优化，达到"城市刺激区域，区域服务城市"的双向可持续发展。构建跨区域乃至全球性互动的治理机制。新形势下深挖合作交流潜力，明晰外部联合的路径和机制，跨区域和多层次"外联"是推动韧性城市建设的重要途径。强化全社会协同参与，实现治理主体的多元化。健全社会动员机制，充分发挥基层党组织、基层群众自治组织、工会、共青团、妇联、红十字会、城市协管员队伍、应急志愿者队伍及其他社会组织和社会公众在应急工作中的作用。

（五）强化韧性城市外围支撑保障体系建设

完善社会救助和风险分担机制。健全受灾人员专项救助制度，完善救助标准和救助对象动态调整机制，强化急难型临时救助措施。加强安全应急科技和产业支撑。鼓励支持企业、高校、科研机构等研发安全应急新技术、新产品、新材料和新工艺，加强巨灾情景构建推演研究应用。提高交通和通信保障能力。坚持集中式和分布式并举，优化与生活必需品供应相关的物流枢纽、基地、园区布局。

完善各类应急运力储备与调运机制，建立交通运输应急保障队伍和紧缺物资运输快速通道。建立安全可靠的"天—空—地"一体化应急通信保障网络，强化政务专网通信保障，常备自组网应急通信系统，提高极端条件下通信网络应急保障能力。

课题指导：徐逸智　刘秀如
执　笔　人：滕秋洁　于国庆　雷来国　郭　颐　张晓敏　贾　硕

第八章 以生活质量提升为抓手推动实现首都人的现代化

现代化的核心在于人的现代化，没有人的现代化就没有真正意义上的现代化。人的现代化本质是人的全面发展，社会主义是历史和人民选择实现人的现代化的最佳道路和合理制度。党的十九届六中全会强调，全党必须永远保持同人民群众的血肉联系，践行以人民为中心的发展思想，不断实现好、维护好、发展好最广大人民根本利益，团结带领全国各族人民不断为美好生活而奋斗。北京作为首善之区，要以提高居民生活质量为导向，加快创新路径和举措，配套支持政策，扎实推进人的全面发展。

第一节 实现人的现代化的内涵及意义

一、理论基础

英格尔斯以现代化理论框架研究人的发展问题，开创了人的现代化研究的先河。基于西方发达国家现代化进程的观察，英格尔斯认为，摆脱"传统人"思想的束缚是现代制度发展的基础，人的现代化是心理、思想、态度和行为上的转变，是全体国民、整个民族的趋同的现代化。但其"现代人"的标准是"西化的人"，忽视了人的现代化的制度环境和社会生活。

马克思主义为社会主义条件下研究人的现代化提供理论指引。马克思和恩格斯关于人的解放和发展的思想学说从价值层面继承了西方人文主义思想中的合理因素，从现实层面深切关注和思考资产阶级统治下人的生存状况以及人的解放和发展，从方法论层面改造和超越了德国古典哲学，运用历史唯物主义方法，强调了"现实的人"是实现社会现代化和个体现代化的唯一主体。张智对马克思主义有关人的现代化的基本要义进行了归纳。其中，"现实的人"是逻辑起点，"个人需要"是内驱动力，"物质生产"是首要前提，"人类自身生产"是第一动因，"精神生产"是重要动能，"社会关系生产"是重要保障，"普遍交往"是重要条件，"异化的人"是历史阵痛，"联合劳动"是本质力量，"自由个性"是重要标注，"每一个个人的全面而自由的发展"是理想目标。

习近平新时代中国特色社会主义理论体系开拓了"以人民为中心"的现代化模式，树立了实现国家富强、民族振兴、人民幸福的"中国梦"的伟大愿景，以人民对美好生活的向往为奋斗目标，以满足人民日益增长的美好生活需要为根本目的，着力改善人民生活品质，提高社会建设水平，增强人民群众获得感、幸福感和安全感。

二、内涵与目标

人的现代化是人的自我解放和全面发展，是人的变迁的世界前沿和达到世界前沿的行为和过程，人的价值观念、行为模式、生活方式等发生变化，人的能力和需求不断提升。

（一）分维度理解人的现代化内涵

广义上，人的现代化的内涵可以概括为三个层次：第一，人的自我世界的现代化，包含思想观念的进化、能力和素质的提升、行为意识的增强等。第二，人的关系世界的现代化，包含家庭关系、工作关系、社会关系、人与自然的关系等。第三，人的周围世界的现代化，包含经济、政治、社会、文化、生态现代化（见表8-1）。狭义上，人的现代化仅指人的自我世界的现代化。

表8-1　人的现代化的基本内涵

分层		主要内容
人的自我世界的现代化	微观	观念现代化、需要现代化、素质现代化、能力现代化、行为现代化
人的关系世界的现代化		人人关系现代化、群己关系现代化、天人关系现代化
人的周围世界的现代化	宏观	经济现代化、政治现代化、社会现代化、文化现代化、生态现代化

资料来源：《通往人的全面发展之路：社会主义条件下人的现代化研究》。

本章依据宏观层面表征，着眼于微观层面内容，以人的自我世界、人的关系世界现代化为主要研究对象，探索实现人的现代化的路径和方法。

（二）分阶段实现人的现代化目标

人的现代化包含从传统人向现代人、现代人向后现代人的转变两个阶段，两次人的现代化进程与人类的三次自我解放形成交集。第一次解放①标志着文明的诞生，是从自然食物依赖中解放，人类成为食物生产者，摆脱了对自然的依赖；第二次解放②标志着第一次人的现代化，是从宗教和封建专制中解放，人成为独立、自由和平等的公民；第三次解放③标志着第二次人的现代化，是从组织和机器控制中解放，人成为个性化、自主的世界公民。

第二次人的现代化相对于第一次人的现代化呈现出不同的特点。第一次人的现代化的主要特点包括职业性、公民性、理性、平等性、民主性、组织性、效率性、开放性、独立性、参与性、计划性、现实性、公平性、主动性、流动性、科学性、纪律性、责任感、信任感、成就感和个人价值等。第二次人的现代化特点包括知识性、网络性、生态性、自主性、多样性、兴趣化、国际性、幸福感、终身学习、自我实现和人的全面发展等，未来还会出现新的特点。

三、现实意义

推进和实现人的现代化，既是世界现代化发展的题中应有之义，也是中国特色社会主义现代化建设的当务之急。

一是实现国家现代化的先决条件。人是一切价值的尺度，是检验现代化的根本标尺，英格尔斯考察西方现代化历史后得出结论：人的现代化是国家现代化必不可少的因素，是现代化制度和经济赖以长期发展并取得成功的先决条件。中国特色社会主义现代化是"以人为本"的现代化，使人民日益增长的美好生活需要得到满足，促进人的智力、体力和技能等得到全面发展和运用，从人民利益出发，依靠人民、共享人民发展成果从而实现生产力的提升，实现持续长久的国家现代化。我国已基本进入第二次现代化发展阶段，但与发达国家水平相比还有较大差距④，加快人的现代化进程具有重要性和紧迫性。

---

① 第一次解放时间为公元前 3500 至公元 1763 年。
② 第二次解放时间为 1763~1970 年。
③ 第三次解放时间为 1970~2100 年。
④ 中国的第一次现代化已经完成 99%，基本完成了工业化，第二次现代化约为发达国家水平的 44%。

二是实现共同富裕的核心要义。共同富裕是社会主义的本质要求，共同富裕不仅是经济问题，而是要在增加经济收入的同时，确保精神富足、生态环境友好，实现人的全面发展和社会全面进步，更要考虑人民群众的获得感、幸福感、安全感。只有以人民为中心，解决发展不平衡不充分、城乡区域发展和收入分配差距较大等问题，才能实现共同富裕，才能共享整个社会进步的结果。

三是实现高质量发展的必然要求。高质量发展同时注重发展的"量"和"质"，要求创造更多物质财富和精神财富，要兼顾生产、生活与生态，应把增进民生福祉作为发展的根本目的。当前中国人的现代化滞后于物的现代化问题日益突出，物质丰裕程度已直追发达国家水平，但人的生活方式、行为方式、思维方式、价值观念等方面，与社会主义经济、社会、政治、文化、生态等领域的现代化需求还不完全适应，人的现代化水平制约和影响着国家现代化事业的发展。

四是实现创新发展的动力源泉。创新是建设现代化经济体系的战略支撑，创新也是增强城市活力、提升辐射带动作用的关键。人的现代化微观层次的动力因素包含创新、竞争、适应、交流、个人利益和个人兴趣等，发达国家创新和竞争作用较为突出，发展中国家交流和适应作用较为突出[1]，创新和竞争的活力有待持续激发。人口结构的优化、人口素质的全面提高、创新人才的储备、创造力的持续激发是创新发展的根本来源，也是国家参与全球科技竞争的重要手段。

五是实现"后继有人"的根本保障。人是推进人类社会发展进步的真正主体，"以人民为中心"首先要抓好"后继有人"这一根本大计[2]。青年始终是中国共产党的重要助手和生力军，培养造就堪当时代重任的接班人既是党和人民事业发展的切实需要也是根本任务。我国生育率下降，人口老龄化程度加深，生育政策迎来新一轮调整期，提高育龄妇女生育意愿、确保人口规模稳定增长是继续释放人口红利、形成人才红利新优势的基础。

四、评价体系

从评价客观因素到重视人的主观感受。由于客观评价指标按照一定的标准进行统计，数据相对准确且容易获得，学术界大多采用客观指标对人的现代化进行

---

① 资料来源：中国科学院中国现代化研究中心主办的《现代化研究》。

② 党的十九届六中全会审议通过的《中共中央关于党的百年奋斗重大成就和历史经验的决议》强调，党和人民事业发展需要一代代中国共产党人接续奋斗，必须抓好后继有人这个根本大计。

测度，具有代表性的有人类发展指数（HDI）①、人口生命素质指数（PQLI）②等。随着调查手段和工具的丰富以及调查时间的缩短，问卷、访问、观察等调查方式的说服力和可信度逐渐提升，越来越多的主观评价指标被纳入人的现代化测度，比如国外的社会进步指数（SPI），国内学者叶南客构建的"人的现代化指标体系"、万资姿构建的"人的全面发展评价指标体系"以及张智总结得到的"社会主义条件下人的现代化指标体系"。关于人的现代化的测度呈现出主客观因素相结合的趋势，设计指标体系时应注重综合性和全面性。

本章在人的自我世界、人的关系世界现代化研究范畴内，构建首都人的现代化微观结构评价体系（见图 8-1）。具体来看，人处于两个重要圈层中。第一，工作圈，要满足人的生存、发展、精神等需求，要有稳定就业、稳定收入、融洽工作氛围、多元上升渠道；第二，生活圈，要满足人的宜居、安全、美好生活等需求，要有宜居的居住环境、多元化的公共服务供给、生活要足够便利安全。

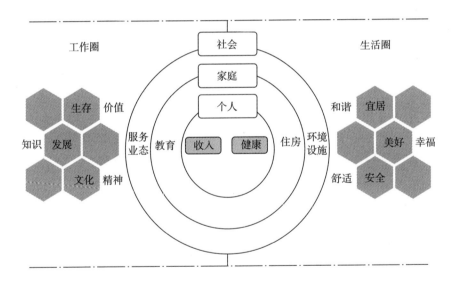

图 8-1　人的现代化微观结构

---

　　① 人类发展指数（HDI）是联合国开发计划署从 1990 年开始发布的概要性度量人类发展的尺度，运用人均国民总收入、受教育年限、预期寿命等指标，从健康长寿的生活、知识及体面生活水平三个基本维度出发测度一个国家所取得的平均进展。

　　② 人口生命素质指数（PQLI）是 1975 年美国海外发展委员会（ODC）提出的，包括婴儿死亡率、预期寿命和识字率三个基本指标，被用于反映发展中国家人口的健康素质和生活质量。

第二节　人的现代化发展趋势

随着社会现代化的演进，人的现代化逐渐从提高生活水平向追求高品质生活阶段过渡发展。在第一次现代化（从农业社会向工业社会转变）过程中，人们普遍关注生活水平的提高和国民收入的增加；在第二次现代化（从工业社会向知识社会转变）过程中，提高生活质量①和生活满意度成为普遍的追求目标和广泛的社会现象。高品质生活具有三方面特征：居住与环境品质应具备交通便捷化、居住舒适化、医疗标准化、教育完备化、环境健康化、服务人性化等特征；工作品质应具备政府关心、公司暖心、同事齐心等特征；家庭品质应具备家庭和睦、物质充足、生活丰富等特征。

一、满足高水平生活需要，以积极防治守护身心健康

一是职业方式从固定化、生存型劳动向自由化、发展型劳动转变。在收入方面，人均购买力水平提高，全球人均 GDP（基于购买力平价，不变价）自 1980 年的 5910 国际元增加至 2020 年的 16194 国际元②；最低收入人口占比下降，20% 最低收入人口占总收入的份额呈下降趋势③。在职业选择方面，随着社会生产力的提高，社会分工逐渐精细化，职业的多样性为个体创造了更多实现自我价值的条件，职业要求更加倾向于专业化和知识化。在工作平衡性方面，劳动生产率的普遍提高，促使工作时间缩短和工作强度下降④。

二是健康观念从以疾病为中心到以健康为中心、从治疗为主向防治结合转变。从内涵来看，"以健康为中心"的全民健康理念逐步形成，健康不仅代表没

---

① 生活质量与生活水平是两个既相关又不同的概念。前者主要反映生活的满意度和幸福度，后者主要反映财富、物质商品和生活必需品的享有量。

② 根据世界银行数据，中国人均 GDP（基于购买力平价，不变价）40 年来已接近世界平均水平，2020 年为 16411 国际元，但与美国、欧元区相比差距较大，依次达 60236 国际元、43681 国际元。

③ 根据世界银行数据，近 40 年来，美国"20% 最低收入人口占总收入的份额"下降了约 1.3 个百分点，2018 年占比为 5.2%；英国下降了近 2.2 个百分点，2017 年为 6.8%；我国也下降了 2.2 个百分点，2016 年为 6.5%。

④ 2000~2016 年，OECD 国家每周平均工作时间缩短，长时间工作员工占比下降，感到有工作压力员工占比下降。自 2013 年以来，每天用于休闲和个人保健的时间增加，但不同国家存在一定差异。

有疾病和虚弱，而且意味着达到身体上、心理上、社会适应性上的良好状态。从行为来看，健康行为由"治疗为主"向"防治结合"过渡，如通过疫苗接种、筛查和治疗这三个关键措施来加快消除宫颈癌[①]；通过实施《全民健身计划》[②]提高居民身体素质。从成效来看，世界平均预期寿命延长，从 1960 年的 52.6 岁提高到 2016 年的 72 岁；婴儿死亡率显著下降，从 1990 年的 64.8‰下降至 2016 年的 30.5‰。

二、满足高质量家庭供养，家庭观念区别于传统形式

一是消费模式从数量型、生存型的被动消费到质量型、发展型、享受型的主动消费转变。从消费水平来看，受发展水平限制，国家、地区、群体之间消费分化现象显著，高收入国家人均家庭消费支出约为全球平均水平的 4 倍、中低收入国家的 10 倍[③]，消费与生活质量密切相关，随着社会生产力的提高，可供选择的消费品增加，为主动消费方式创造了条件。从消费结构来看，食品支出等基本生活支出占比下降，健康、教育、通信、住宿餐饮等享受与发展支出占比上升，消费选择丰富多样。近半个世纪以来，英国、德国等发达经济体恩格尔系数[④]下降，2017 年分别为 8%、11%；欧盟在 1995~2016 年，个人平均消费支出中基本生活支出占比下降 1.7 个百分点，享受与发展支出占比增加 1.8 个百分点[⑤]。住房支出处于或接近合理区间，美国、英国、日本等发达经济体房价收入比相对较低[⑥]。

二是家庭观念从传统型、义务型的被动承担向包容型、自主型的主动抉择转

---

① 2020 年 11 月，WHO 发布了《加速消除宫颈癌全球战略》，提出疫苗接种、筛查和治疗这三个关键措施，要求 2030 年 90%的女孩在 15 岁之前完全接种 HPV 疫苗，70%的妇女在 35 岁和 45 岁之前接受高效检测方法筛查；90%确诊宫颈疾病的妇女得到治疗。到 2050 年，可以减少 40%以上的新病例和 500 万相关死亡。

② 我国《全民健身计划（2021—2025 年）》正式发布，就促进全民健身更高水平发展、更好满足人民群众的健身和健康需求，提出 5 年目标和 8 个方面的主要任务。

③ 世界银行数据显示，2019 年，高收入国家人均家庭消费支出为 26210.71 美元，中低收入国家为 2539.89 美元，世界平均值为 6297.47 美元，中国为 4112.41 美元。

④ 恩格尔系数是根据食物消费支出占消费总支出的比重来衡量消费水平高低的总量指标。恩格尔系数小于 20%被联合国粮农组织（FAO）认定为最富裕国家。

⑤ 基本生活包括：CP01，CP03，CP04，CP05，CP07；享受与发展包括：CP02，CP06，CP08，CP09，CP10，CP11。数据与分类情况来源于《中国现代化报告（2019）》。

⑥ 根据 NUMBEO 数据，2018 年及近年美国、英国和日本房价收入比分别为 3.37、8.82 和 12.24，中国这一比例为 27.76。上海易居研究院发布的《2020 年全国房价收入比研究报告》认为，我国房价收入比保持在 7.0~7.5 属于合理区间。

变。在婚育方面，随着文化的开放、融合与多元化发展，结婚多子等家庭观念有所改变。以 OECD 成员国为例，1960~2016 年，结婚率下降；自 2008 年以来，平均家庭规模呈现缩小趋势，2016 年英国为 2.3 人，德国为 2 人。在培养方面，年轻家庭对子女抚育、教育的要求提高。1960~2015 年，OECD 成员国 0~2 岁婴幼儿接受正规看护的比例提高，日本为 30.6%，法国为 51.9%[①]。平均受教育年限延长，发达国家平均受教育年限高于发展中国家[②]。

三、满足高品质宜居需要，追求多业态、近距离、交互式服务体验

一是生活环境从恶化、消耗型向优化、可持续改善。生活环境包含自然环境和社会环境两个方面。在社会环境方面，随着城市化的推进，电力、卫生、饮用水等基础设施日益完善，医护、航班、教师等公共服务能力提升[③]，犯罪率、交通事故伤亡等公共安全问题有所下降，但不同国家差异性较大[④]。在自然环境方面，工业发达国家先后走上了"先污染、后治理"的道路[⑤]，现如今可持续发展已成为全球共识，对生态环境的重视表明人们逐渐从低层次的物质需要向高层次的生活质量和精神满足转化。

二是文化生活从以精英型、实体型为主导转为以大众型、网络型为主导。文化生活在短期内可以提升个体幸福感，长期内可以提升个体人力资本，进而使个体生活质量得到提升。文化生活时间延长，如 2018 年美国居民每天休闲娱乐时间为 4.7 小时，接近有薪工作或学习的时间 4.8 小时。形式更加多元，阅读方式不再局限于印刷图书，电子书、听书等方式逐渐渗透[⑥]，更多人选择出境旅游，线上、线下观影方式相结合，人均观影次数得到提高。参与度上升，随着互联网

---

① 资料来源：《中国现代化报告（2019）》。

② 自 1950 年以来，世界各国 15 岁以上人口的平均受教育年限从 3.17 年增加到 2010 年的 7.76 年，其中发展中国家从 2.05 年增加到 2010 年的 7.09 年，发达国家从 6.22 年增加到 2010 年的 11.03 年。

③ 例如，根据世界银行数据，世界通电率自 1990 年的 71.39% 上升至 2019 年的 90.08%，世界每千人护士和助产士人数从 2001 年的 3 人增加至 2018 年的 4 人。

④ 例如，根据世界银行数据，世界谋杀犯罪率自 1990 年的 6.8 人/10 万人下降至 2018 年的 5.8 人/10 万人。2015 年，高收入国家谋杀犯罪率为 2.2 人/10 万人，中等收入国家为 5.5 人/10 万人，低收入国家为 7.3 人/10 万人。

⑤ 世界银行数据显示，1990~2017 年，PM2.5 年均浓度先上升后下降，1990 年为 44 微克/立方米，2017 年为 46 微克/立方米，其间最高值为 2011 年的 51 微克/立方米。

⑥ 美国 18 岁以上居民人均阅读量从 2011 年的 14 本/年下降至 2016 年的 12 本/年，阅读印刷图书的比例由 71% 下降至 65%，而阅读电子书和听书的比例由 28% 上升至 42%。数据来源于《中国现代化报告（2019）》。

普及率的提高，网购、网游、网评等网络文化生活方式相继出现，其不受空间限制、便捷化操作和极大的包容性等优势特点，吸引了不同年龄段、不同身份的群体加入。

第三节　实现首都人的现代化面临的挑战

2020 年，北京地区生产总值超过 3.6 万亿元，人均 GDP 达 2.4 万美元左右，保持全国领先，全员劳动生产率为 28.2 万元/人，居全国首位，经济高质量发展稳步推进。但北京居民生活质量相比经济发展水平存在差距，主要受房价高、宜居品质差、生活节奏快等因素的影响较大。为了解首都居民生活质量现状，课题组于 2021 年 10~11 月进行了专题调研①，调研结果显示提升居民生活质量、推进人的现代化面临以下挑战。

一、工作圈：收入稳步增长，但多元化上升渠道尚待完善，家庭工作平衡性有待加强

（一）居民收入稳步增长，但缩小城乡收入差距任务依然艰巨

虽然北京整体上富裕程度较高，2020 年人均生产总值为 16.76 万元，居全国各省份首位；居民人均可支配收入为 69434 元，是全国平均水平的 2.16 倍。但整体而言，扩大中等收入群体和缩小城乡收入差距任务艰巨。

一是扩大中等收入群体任务艰巨。虽然北京市中等收入群体占总人口的比例已超过一半，居民收入分布总体呈现"两头小、中间大"的橄榄型结构，但进一步"扩中"面临的结构性问题比较突出，中等收入群体及其后备军占全社会比重都出现下降趋势。

二是缩小城乡收入差距任务艰巨。城乡收入比近年来呈下降趋势，2020 年北京为 2.51，但与浙江的 1.96 相比仍然较高。我们既有最富裕的人群，高收入人群和高收入企业多，全球富豪榜十亿美元企业家、千万资产"高净值家庭"、

---

① 采用线上线下结合方式进行问卷调查，覆盖北京市 16 个城区，发放问卷 3912 份，有效问卷 1513 份，线上占比为 67%。调查样本的城区、年龄和性别等结构，根据 2021 年北京统计局发布的人口结构进行样本配额设定。

跨国企业 500 强上榜企业分别占全国的 13.7%、18.3%、42.0%。也有收入相对比较低的人群，2020 年生态涵养区农民人均可支配收入为 23192 元，仅约为北京市平均水平的 1/3、北京市前 20% 高收入户的 1/6。不同行业间差距也非常显著，不同行业劳动生产率不同，收入差距客观存在，金融、信息技术类收入相对高，住宿餐饮、居民服务类收入相对低；但北京最高与最低收入行业倍差（4.7）明显高于浙江（3.0）。问卷调查显示，城区居民家庭月收入 5000 元以上的占比为 95.6%，乡村居民这一比例为 81.5%；城区居民家庭月收入 2 万元以上的占比为 30.5%，乡村居民这一比例仅为 9.7%。城区居民收入来源相对稳定，固定工资收入占比较高，股票、基金等投资类收入成为重要补充；乡村居民固定收入比例、投资类收入比例均低于城区居民，收入来源渠道需拓展。

（二）就业选择丰富，但晋升机会满意度较低

北京就业结构以第三产业为主，在推动高质量就业的新形势下，高技术制造业、生产性服务业等新型岗位不断涌现。北京市城镇新增就业人数前期连续 12 年保持 40 万人以上增长水平，2019 年、2020 年有所下降，分别为 35.1 万人、26.1 万人，但北京仍然是毕业生择业的首选城市①。但调查显示，大家普遍对晋升机会满意度不高，且不同行业、不同职业间差异明显，服务业满意度评价明显低于新兴产业。

二、生活圈：配套不断完善，但住房、教育等生活成本高居不下，生活品质需要提升

（一）家庭供养成本高企，生育难、养育繁影响人的后续发展

一是"安家落户"负担重。2015~2019 年，北京市居住支出在消费支出中的占比依然攀升，由 30.62% 上升至 36.6%（见图 8-2），明显高于全国平均水平（见图 8-3），也高于东京、纽约、伦敦等世界城市（见图 8-4）。37.8% 的受访者以为在整个支出结构中住房是"第一大支出"，40.9% 的受访者住房是"第二大支出"，两者合计占八成左右。其中，超过五成的受访者住房支出高于（含）3000 元/月。"安家落户"负担沉重，不但影响了居民生活质量，也在一定程度上制约了居民消费潜力和意愿。

---

① 智联招聘发布的《2021 上半年大学生就业报告》显示，2021 年国内就业市场新增 900 多万应届毕业生；国家信息中心结合教育部和智联报告数据推算，2021 年海外留学生学成回国人数将首次超过 100 万人。无论是国内毕业生还是留学生，北京都是其择业的首选。

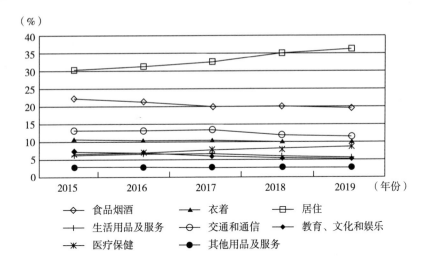

图 8-2 北京市居民人均消费支出及其构成

资料来源：国家统计局。

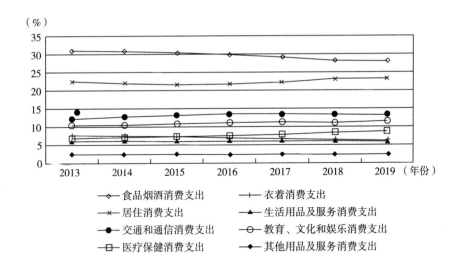

图 8-3 我国居民人均消费支出及其构成

资料来源：国家统计局。

二是生儿育儿成本高。据北京市卫生健康委信息中心统计，2017～2020年，北京市户籍居民婴儿出生人数持续下降，三年下降7万人。虽然"二孩""三孩"政策放宽，但很多家庭由于生儿育儿成本高而不愿生、不敢生。调查显示，

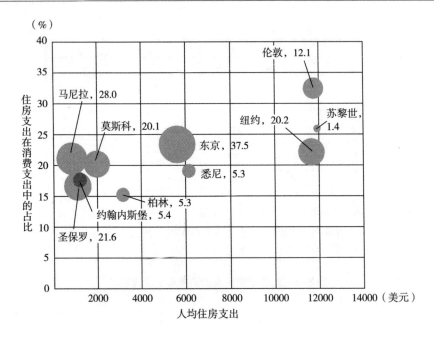

图 8-4　消费者住房开支和总人口规模

注：气泡大小代表人口规模（单位为百万）。

资料来源：欧睿国际。

"二孩""三孩"生育意愿普遍不高，有意向生育二胎的人群占 26.3%，有意愿生育三胎的仅占 16.5%。在影响生育意愿的因素中，完善的三岁以下普惠托儿所的需求最为强烈，幼儿托管、教育质量、培训辅导成为育龄家长最为关注的问题；生儿育儿开支也明显影响子女生育、抚育的积极性，16.6% 的受访者在整个支出结构中教育是"第一大支出"，33.4% 的受访者教育是"第二大支出"，40.3% 的受访者教育是"第三大支出"，三者合计占九成以上。

（二）精神生活不断丰富，快餐文化影响生活质量

伴随居民生活水平逐渐提高，生活方式、城市功能和产业结构等方面相继向休闲化发展。虽然北京休闲化程度综合水平全国领先，但休闲生活与消费指数、休闲空间与环境指数排名相对较低①。近年来，网络文化、流行文化盛行，短视

---

① 《2021 中国城市休闲化指数报告》由上海师范大学休闲与旅游研究中心与华东师范大学工商管理学院休闲研究中心联合完成并发布。北京休闲化程度综合水平排名第一，从细分维度来看，经济与产业发展指数、休闲服务与接待指数、交通设施与安全指数排名居前，休闲生活与消费指数、休闲空间与环境指数排名相对较低，主要受文旅娱乐消费、家庭休闲设备、空气质量、城市绿化覆盖率等因素影响。

频领域、网络游戏领域增长迅速，剧本杀等新模式冲击着居民精神文化世界，内容良莠不齐，充斥着暴力、低俗、迷信等元素，优秀传统文化精神匮乏，文化乱象时有发生。调查显示，文化休闲娱乐等精神生活不够丰富，日常闲暇时间支配结构单一，基本每天都去文化休闲场所的居民不足3%，大部分居民每月或者每年去1~2次，几乎不去的居民接近两成。休闲活动的日常支配方式中选刷手机新闻或短视频的人群占36.4%，高于选择读书的人群（占比为33.6%）和选择健身的人群（占比为34.9%），休闲目的逐渐"短视化"。

（三）健康素养水平不断提升，睡眠、心理等身心健康问题需要引起重视

北京市居民健康素养水平提升，2020年达36.4%，比2018年提升4.1个百分点，高于上海的35.6%。体育场馆配套持续推进，人均体育场地面积达2.45平方米，经常参加体育锻炼人数比例为50.2%，均超过上海[1]。疾病防控意识较强，截至2021年9月底，北京市18岁及以上常住人口新冠疫苗全程接种率超过98%。但伴随生活工作节奏变快，压力增大，睡眠、心理等身心健康问题需要引起重视。调查显示，北京市民身心健康状况总体评价较好，但心理状况评价较低，睡眠质量尤其堪忧[2]。其中，都市型现代农业人群对身体、心理、睡眠状况评价满意度均较低，下岗/失业/待业人群失眠问题严重。全民健身意识增强，执行力仍有待提高，每天出入健身场所的居民未及两成[3]。健身频率年龄分布18~40岁的青年和中年人群健身频率普遍较低，50岁以上居民参与健身频次相对较高。

（四）生活配套不断优化，但停车难等家门口的烦心事问题依然突出

一是停车难问题突出。根据《2020中国停车行业发展白皮书》[4]，北京小汽车保有量657万辆，停车位合计78.4万个，占比仅12%，低于上海的24%、深圳的56%，停车供给难适配需求。调查显示，居住地生活环境中对"停车便利性"的评价较低，"满意"[5]为59%，明显低于邻里关系（77%）、社区治安安

---

① 2020年上海市人均体育场馆面积为2.4平方米，经常参加体育锻炼人口比例为43.7%。

② 根据调查结果，身心健康总体评价为"好"（包含"很好"和"比较好"）的居民占比为82.7%，心理状况这一比例为80.3%，睡眠状况仅为74.9%。

③ 问卷显示，17.8%的居民基本每天都去健身，43.5%的居民每周去1~2次，两者合计占比为61.3%，其余健身频率的居民占比为38.7%。

④ 《2020中国停车行业发展白皮书》由北京清华同衡规划设计研究院联合中国重型机械工业协会停车设备工作委员会，于2021年8月发布。上海小汽车保有量397.1万辆，停车位合计93.9万个。深圳小汽车保有量334.8万辆，停车位合计188.4万个。

⑤ 包含"很好"和"比较好"。

全、物业服务、社区绿化、垃圾分类、体育健身器材提供（64%）。其中，30~39 岁的适婚或已婚人群对停车便利性的"满意"评价最低，为 54%。

二是公园绿地等便利性需要加强。2020 年，北京人均公园绿地面积为 16.6 平方米，高于上海（9.1 平方米）、浙江（13.6 平方米），低于广东（18.1 平方米），公园绿地配套处于全国较高水平，但可达性、便利性等亟须提升。调查显示，居住地周边配套设施评价中对"附近公园绿地"的满意度（73%）① 低于公共交通满意度（81%）、医疗机构、商业配套设施、教育机构满意度（77%）等。疏整促、城市更新过程中，留白增绿、拆违还绿等有待进一步加强。

三、圈层纽带：有待进一步完善，职住通达性较弱，工作家庭平衡性亟须加强

（一）职住分离现象导致通勤时间过长

北京就业区域集中于西城区、朝阳区和海淀区，就业人数占比均超过 10%，合计占北京市就业人口比重接近一半；丰台区、昌平区、东城区、大兴区、通州区就业人数占比在 5%~10%，合计为 33.8%；其他区域占比为 24.6%。调查显示，西部城区职住分离现象较为明显。海淀区、门头沟区、石景山区职住同区比例依次为 41.0%、40.0%、46.2%。观察发现，职住情况并非距离就业集中区域越远越分散，部分区域已经相对形成职住生态圈，比如大兴区职住同区比例为 63.4%，通州区为 56.3%，房山区为 52.8%。

北京平均通勤距离和时长均居全国首位②，职住情况与通勤时间之间相关性较强。调查显示，居民通勤时间超过 30 分钟的占 80%，超过 60 分钟的占近 20%。海淀区、石景山区、门头沟区职住不同区现象突出导致通勤时间延长，相比之下，大兴区、通州区和房山区通勤时间相对较短③。

（二）家庭工作平衡性有待加强

鉴于超大城市较快的工作生活节奏和较大的竞争压力，导致部分居民难以兼顾，在一定程度上滋长了城市焦虑。调查显示，因工作而难以照顾家庭方面，难以

---

① 包含"非常满意"和"比较满意"。

② 中国城市规划设计研究院发布的 2020 年度《全国主要城市通勤时耗监测报告》报告显示，北京、上海、重庆、成都是我国平均通勤距离最远的四个城市，北京平均通勤距离 11.1 公里。北京、上海、重庆是全国通勤时间最长的 3 个城市，北京单程平均通勤用时 47 分钟。

③ 门头沟区通勤时间超过 30 分钟的居民有 78%，其中，超过 60 分钟的比例达 46%。大兴区近 50% 居民通勤时间在 30 分钟以下；通州区和房山区通勤超过 30 分钟的占比分别为 68% 和 76%，超过 60 分钟的占比仅为 27% 和 24%。

履责家庭 3 次及以上的居民占比为 46.1%，其中，6 次及以上的居民占比达 18.8%。因家庭而难以兼顾工作方面，难以兼顾工作 3 次及以上的居民占比为 35.6%，其中，6 次及以上的居民占比为 16.7%。且家庭与工作平衡性方面存在性别、城乡差异，女性在工作与家庭之间的平衡性低于男性，乡村居民多于城区居民。

第四节　提高居民生活质量的相关举措

以提高居民生活质量为导向，加快配套支持政策，着力探索提升居民生活质量的路径和举措，打造幸福生活家园。

一、保障就业、增加收入、畅通渠道，营造创新工作圈

（一）合理缩小城乡收入差距，多渠道拓展居民收入

继续坚持共同富裕方向，优化分配格局，持续扩大中等收入群体，持续缩小城乡收入差距。

一是以高质量发展夯实居民增收的基础。保持经济平稳健康发展、促进产业提质增效升级、拓展就业渠道、鼓励符合功能定位的创新创业，通过结构优化、业态升级、劳动生产率提高来促进居民增收，让知识、技术等创新要素参与收入分配。制订居民人均可支配收入持续稳定增长行动计划，继续保持居民收入增长和经济增长基本同步。继续做好北交所制度安排解读工作，引导居民理性参与交易市场，培养金融素养和理财习惯，增强对投资者的预期引导，树立价值投资观念，通过证券、基金等渠道增加交易性投资收入。

二是多措并举扩大中等收入群体。虽然北京市中等收入群体占总人口的比例已超过一半，居民收入分布总体呈现"两头小、中间大"的橄榄型结构①，但进一步"扩中"面临的结构性问题比较突出，中等收入群体及其后备军占全社会比重都出现下降趋势②。要健全工资合理增长机制，着力提高一线职工工资水

---

① 按照市委改革办课题组研提的标准，2019 年北京市高收入、中等收入、中低收入和低收入四个群体占比分别为 8.4%、55.8%、12.9% 和 22.9%，中等收入群体占总人口的比例超过一半。

② 2016~2019 年，北京中等收入群体及其后备军占全社会比重都略有下降，前者由 57.3% 下降到 55.8%，后者由 13.7% 下降到 12.87%。

平，进一步提高劳动报酬在经济中的比重①。在适宜行业探索实行居家办公、"共享员工"等弹性就业、灵活就业，合理承认第二职业收入，发挥新型就业和灵活就业在保就业增收入中的重要作用。开展职业技能培训，构建终身职业技能培训体系，通过教育和培训提高劳动者综合素质。同时，拓宽居民财产性收入和经营性收入。鼓励金融机构增加投资产品供给，丰富和规范居民投资渠道，完善金融市场监管，创建良好的投资理财环境，提升居民投资回报率。聚焦青年大学生等重点人群，推动"后备军"群体进入中等收入行列。

三是千方百计提高低收入群体收入，发挥好社会保障、收入分配等社会政策调节作用。稳步提高最低工资标准，做好城乡低保、低收入家庭、残疾人等困难群体就业帮扶和托底安置，确保零就业家庭动态清零，增加社区基层、城市运行保障、生态养护等公益性岗位。

（二）建设紧凑共享的创新工作圈，提高工作效能

根据创新人群的工作职能和社交习惯，在重点区域构建15分钟创新工作圈，吸引多元的创新人群。供给高品质的商务办公、商业服务场所和SOHO办公建筑、公寓式住宅，促进立体空间功能混合。增加便利店、创客空间、特色餐厅等工作配套场所，建立工作地与公共设施、开放空间、公交站点之间的便捷慢行交通联系。设立创新城区改造基金，加强激励机制，助力和保障创新空间建设。如图8-5所示。

二、丰富内容、优化布局、提升品质，营造幸福生活圈

（一）综合施策降低生活成本、提高生活效率

完善保障性住房供给政策，更好地满足中等及中低收入家庭自住需求。研究采取与消费挂钩的税收政策，调节过高收入，引导改善奢侈、炫富、铺张浪费等消费习惯，缓解中低收入者的生活压力。实施高质量就业行动，提高工作效率，减少加班时间。多措并举提高人均年休闲娱乐时间、参加艺术活动的频次、博物馆参观率等，丰富居民生活内容。

（二）制定并完善家庭友好政策，攻克"一老一小"难题

增加对家庭幼儿养育、子女关爱、病人照料、老人照顾、增进家庭成员感情

---

① 北京市劳动者报酬占GDP比重自2008年以来连续多年处于48%~52%，总体低于美国55%、法国54%的水平，还有提升空间。

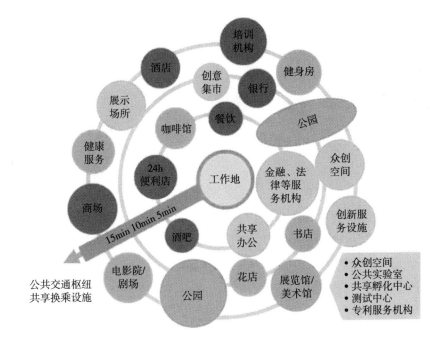

图 8-5　15 分钟创新工作圈模式示意图

资料来源：中国城市规划设计研究院深圳分院。

和提升家庭长期发展能力的外部支持。妥善考虑类似完善儿童早期教育照顾、家庭照顾休假、家庭福利制度安排、家庭友好工作场所和时间安排以及兼顾事业和家庭、提升家庭幸福感等与实现高品质生活高度正相关领域的一系列制度安排和政策设计事宜。

（三）实施"健康北京市民计划"，促进市民身心健康

从全生命周期和全民覆盖的角度，对居民的健康理念、健康行为、健康心理、健康环境、健康生活服务和基本健康状况进行系统设计、动态监测和综合评估，提供健康生活的咨询、指导、服务和健康管理。

（四）建设均衡便捷的创新生活圈，打造幸福美好生活家园

基于创新人群的生活需求和休闲偏好，完善丰富多彩的幸福生活圈。配套增加健身房、书店、全龄教育机构等养成型设施，咖啡馆、茶馆等交往型设施，创意集市、花店、艺术馆、展览馆等文艺型设施。营造活力且舒适的第三空间，供给儿童友好、老人乐龄和全民健康的服务设施。围绕居住地分散布局公园绿地，

首都现代化

建立公共设施、开放空间、公交站点的便捷慢行交通联系，探索服务设施复合布局，加强人群共享和分时利用。如图 8-6 所示。

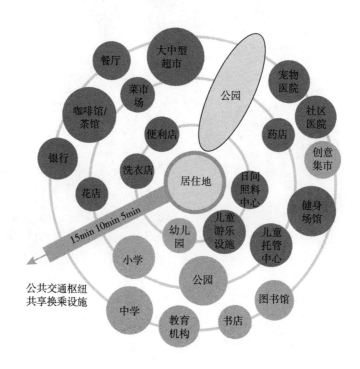

图 8-6　幸福生活圈模式示意图

资料来源：中国城市规划设计研究院深圳分院。

三、实现工作生活融合互促，打造美好幸福家园

（一）促进职住平衡

一是协调居住和就业功能关系。统筹安排重点区域生产和生活设施，提高本地就业和居住人口规模。强调土地精细化管理，以轨道交通站点为核心，划定重点规划实施单元，将区级用地、规划指标向站点及周边区域有效集中，提前谋划功能布局和基础设施、公共服务配套，为新功能、新要素、新项目的落地创造条件；有条件的地区划定白地、弹性预留用地等复合用地。探索政府与市属企业通过开发、购买等方式，自持一定规模物业，以租赁方式供给低成本创新空间，持续稳定地支持和引导创新活动。有针对性地将创新导向的设计要求纳入规划编

制、土地出让、项目建设等环节，设立创新城区改造基金，加强激励机制，助力和保障创新空间建设。

二是加强对相邻地区和发展轴线的统筹协调。加快分区规划落地实施，优化调整指标分配，在海淀和昌平、怀柔和密云、石景山和门头沟等具有共同产业基础和发展方向的相邻区，加强要素整合和互补协作，在指标分配、职住空间布局等方面整体考虑。将用地指标优先配置于发展轴线和重要发展节点，引导发展轴线上各城市组团功能互补和联系，形成沿主要交通廊道要素高效流动、组团高效对接、职住梯度平衡的格局。

（二）促进工作生活融合互促

一是打造宜居宜业宜游的"生活共同体"。以满足人民美好生活向往为中心，突出高品质生活主轴，围绕邻里、教育、健康、创业等多元场景，打造混合包容、多元灵活，有归属感、舒适感、未来感的新型城市功能单元。加强设施功能、产业类型、研究领域的功能混合，吸引多元的创新人群，满足工作、生活、休闲等多种需求，平衡成本和品质，预防成本上升对创新的挤出效应。同时，保留足够的灵活度，允许适度临时性改造，能为未知功能预留可能。

二是倡导先进文化，引导市民追求精神富足。培育巩固社会主义核心价值观，弘扬中华优秀传统文化。构建网络文明，积极引导理性追星。加强对社会公众人物的舆论监控，严守法律底线，防范劣迹艺人对社会文化带来冲击。严控视频、直播质量，保护青少年心理健康。提倡阅读，建设书香社会。倡导市民争当劳动模范，崇尚工匠精神、企业家精神和志愿精神等。

（三）加强生活质量的科学研究

成立生活质量研究专班，持续对北京居民生活质量进行监测。普及生活质量的科学知识，研究并提倡高品质的生活方式。倡导开放包容、自强不息、积极进取、勇于改革创新、乐于接受新思想的精神和个人品格。

参考文献

［1］姚树洁．怎样理解"创造高品质生活"［J］．当代党员，2018（11）：15-16．

［2］腾华．高品质生活视域下重庆主城区都市圈郊区建设田园综合体的思考［J］．重庆行政，2019（04）：53-54．

［3］敬志伟．努力创造高品质生活［N］．青岛日报，2021-01-15（009）．

［4］石凤珍，王牡丹．艺术融入社区：高品质生活构建中的社区文化治理实践［J］．山西大同大学学报（社会科学版），2020（05）：10-13.

［5］上海财经大学课题组，徐国祥，张正，苏杰．上海高品质生活评价指标体系研究［J］．统计科学与实践，2019（06）：9-13.

［6］程新平，刘富胜．论创造高品质生活的理论基础［J］．重庆师范大学学报（社会科学版），2021（02）：15-23.

［7］边燕燕．城市高品质生活评价指标体系构建与实证分析［J］．重庆理工大学学报（社会科学版），2020（08）：45-57.

［8］杨皓然．青海创造高品质生活现实路径选择［N］．青海日报，2018-10-15（010）.

［9］赵生祥．高质量发展和高品质生活在青海的实践［J］．青海师范大学民族师范学院学报，2020（01）：54-58.

［10］山西省中国特色社会主义理论体系研究中心省社科院研究基地．创造高品质生活的四个维度和七大举措［N］．山西日报，2021-01-26（009）.

［11］高路，李方明，李骏．以社区公共空间治理打造城市高品质生活［J］．党政论坛，2019（04）：38-39.

［12］阎加林．上海实现高品质生活的内涵、特征和实施路径［J］．科学发展，2020（12）：100-107.

［13］韩骥．上海实现高品质生活的内涵、特征及其实施路径［J］．科学发展，2019（08）：100-108.

［14］Galbraith J K. The Affluent Society［M］. New York：Houghton Mifflin Company，1958.

［15］胡芳．荷兰生活质量指标体系及对我国的启示［J］．广东工业大学学报（社会科学版），2007（02）：20-22+43.

［16］程子非．OECD国家打造高品质生活的经验及启示［J］．社会政策研究，2019（03）：90-100.

［17］石彬．德国品质生活评价指标体系构建及其对上海的借鉴与启示［J］．科学发展，2019（06）：105-112.

［18］上海市城市社会经济调查队课题组．城市居民生活质量评价指标体系的构建［J］．上海统计，2002（12）：16-19.

［19］冯建，钟奕纯．基于居住环境的常州城市居民生活质量空间结构

[J]．地理学报，2020，75（06）：1237-1255.

[20] 杨延圣．人民美好生活需要衡量指标体系的构建——一个初步的分析框架[J]．观察与思考，2018（04）：76-82.

[21] 徐国祥，张正，苏杰．上海高品质生活评价指标体系研究[J]．统计科学与实践，2019（06）：9-13.

[22] OECD. Measuring Well-beingand Progress：Well-being Research[EB/OL]．http：//www.oecd.org/statistics/measuring-well-being-and-progress.htm，2019.

[23] 阎加林．上海实现高品质生活的内涵、特征和实施路径[J]．科学发展，2020（01）：100-107.

[24] 胡鞍钢，王洪川，鄢一龙．中国现代化：人力资源与教育（1949—2030）[J]．教育发展研究，2015，35（01）：9-14.

[25] 佟玉华．论全面建设社会主义现代化国家与人的现代化[J]．科学社会主义，2020（06）：15-16.

[26] 孟东方．高品质生活的居民感知与创造路径——基于重庆市39个区县的调查分析[J]．西部论坛，2021，31（03）：44-56.

[27] 新时代党员干部学习关键词（2020版）[M]．北京：党建读物出版社，2020.

[28] 李慧明．生态现代化理论的内涵与核心观点[J]．鄱阳湖学刊，2013（02）：61-72.

[29] 何传启．中国生态现代化的战略思考[J]．科学与现代化，2007（03）：18-30.

课题指导：徐逸智　刘秀如

执 笔 人：贾君欢　刘作丽　李金亚　王术华